谨以此书献给中华女子学院
（全国妇联干部培训学院）建校
七十五周年

本书由中华女子学院资助出版

我国女子教育和女子学校发展研究

郭冬生　著

知识产权出版社
全国百佳图书出版单位
——北京——

图书在版编目（CIP）数据

我国女子教育和女子学校发展研究/郭冬生著.—北京：知识产权出版社，2025.3.

ISBN 978-7-5130-9624-9

Ⅰ.G776

中国国家版本馆 CIP 数据核字第 2024XP2670 号

内容提要

本书秉持男女平等和因材施教等理念，运用多种研究方法，审视了改革开放以来我国男女教育公平状况，探讨了各类女校特别是女子高校的历史、现状及发展战略问题。本书既有理论阐述，又有历史追溯，更有实践建构。本书观点鲜明、逻辑严密、数据翔实、资料丰富、语言朴实，具有较强的学术性、史料性、原创性和前瞻性，在女子教育研究领域处于领先地位。

本书适合教育研究和女性研究人员、女校领导和教师、教育部门与妇联系统领导及妇女工作者阅读。

责任编辑：刘晓庆　　　　　　　　责任印制：孙婷婷

我国女子教育和女子学校发展研究

WOGUO NÜZI JIAOYU HE NÜZI XUEXIAO FAZHAN YANJIU

郭冬生　著

出版发行：	知识产权出版社 有限责任公司	网　　址：	http://www.ipph.cn	
电　　话：	010-82004826		http://www.laichushu.com	
社　　址：	北京市海淀区气象路 50 号院	邮　　编：	100081	
责编电话：	010-82000860 转 8073	责编邮箱：	laichushu@cnipr.com	
发行电话：	010-82000860 转 8101	发行传真：	010-82000893	
印　　刷：	北京中献拓方科技发展有限公司	经　　销：	新华书店、各大网上书店及相关专业书店	
开　　本：	787mm×1000mm　1/16	印　　张：	16.5	
版　　次：	2025 年 3 月第 1 版	印　　次：	2025 年 3 月第 1 次印刷	
字　　数：	179 千字	定　　价：	88.00 元	

ISBN 978-7-5130-9624-9

序　言

习近平总书记深刻指出：妇女是物质文明和精神文明的创造者，是推动社会发展和进步的重要力量，没有妇女，就没有人类，就没有社会。妇女进步，教育为先。教育发展，理论指引。女子高等教育既是教育科学研究的重要课题，也是妇女与性别研究的重要领域。郭冬生博士系教育学学科出身，长期从事高校管理与研究工作，在中华女子学院工作的二十年间，潜心开展女子教育和女子学校发展等研究，产出了不少高质量的研究成果，所完成的蓝皮书——《中国妇女教育发展报告 NO.1（改革开放 30 年）》和《中国妇女教育发展报告 NO.2（女子院校发展研究）》，是国内本研究领域的重要著作。

《我国女子教育和女子学校发展研究》是作者郭冬生博士"女性与教育"研究的又一部力作，也是献给中华女子学院七十五华诞的一份厚礼。作者秉持男女平等基本国策和因材施教理念，运用统计分析、调查研究、文献研究等方法，探讨了环环相扣又相对独立的多个论题：涉及改革开放以来女性教育发展性别审视、各级各类女子学校发展、女子高校发展战略与特色、女子高校文化建设和学科建设、女大学生生涯规划教育，以及国外女子高校课程设置研究、我国女子教育研究现状与趋势等。本书观点鲜明、逻辑严密、数据翔实、资料丰富，具有学术性、实证性、史料性、原创性和前瞻性等特点。他对改革开放以来我国教育男女平等实现程度的统计分析，对当前我国各级各类女子学校发展现状的实证分析，对第四次世界妇女大会以来我国女子教育研究的文献分析等，均属于本研究方向最新、最系统的研究成果，在国内本学术领域处于领先地位。作者对女子高校办学特色、文化建设、生涯规划教育等问题的具有建设性、创新性、启发性的见解，观点鲜明、独树一帜。该书对各级政府和妇联、女性与教育研究界、社会各界了解当代我国女子教育和女校发展状况，开展国内、国际女子教育成果交流，深化女子教育改革等有重要参考价值。

当前，新时代强国建设、民族复兴伟业为我国女子教育和女校发展提供了新的机遇和空间，同时也对女子教育和女校发展提出了新的期待和要求。"不负历史、不负时代、不负人民，一起向未来"，是习近平总书记的殷殷嘱托！建设教育强国，推进男女平等，促进妇女全面发展，立足中华大地办一流女子大学，需要更多学者自觉担起新时代使命，开展相关研究。郭教授的著作填补了空白，反映出新时代学者责任使命的自觉担当。希望更多学者、教育工作者加入女子教育研究队伍中来，为发展我国女子高等教育事业、培养更多担当时代大任的时代新女性贡献力量，为繁荣我国教育科学、推进中国特色的女子教育研究作出更大贡献。

中华女子学院院长　刘利群

2025 年 3 月

前　言

　　《我国女子教育和女子学校发展研究》由紧密联系、环环相扣的八个部分组成。本书将"女子学校"界定为以"女子"学校命名并对女生实施专门教育的机构总称，将"女子教育"界定为各级各类学校的女生教育和女子学校实施的专门教育（也称女性教育）。在此基础上，作者秉持男女平等基本国策和因材施教理念，运用统计分析、调查研究、文献研究等方法，从社会性别视角和人口受教育程度、各阶段在校生两个维度，审视了改革开放以来我国教育领域男女平等实现程度，展示了女子高等院校、高中教育阶段女校、妇女干部学校发展状况与成效，阐释了女子高校的人才培养、科学研究、社会服务与交流合作，探讨了女子高校的学科专业建设、文化建设、生涯规划教育，研究了国外女子高校课程设置及其对我国女子高校的启示，最后评述了第四次世界妇女大会以来我国女子教育研究及发展趋势。

　　本书观点鲜明、逻辑严密、资料丰富、数据翔实、语言朴实，具有学术性、实证性、史料性、原创性和前瞻性等特点。其中，改革开放以来我国女性受教育状况、女子学校发展现状、女大学生生涯规划教育、女子教育理论研究等在国内本领域处于领先地位。作者就这些问题提出的诸多见解不乏新意，有的不啻对先前研究成果的超越。本书对各级政府、妇联、妇女组织及国内外教育和妇女研究同行、社会各界了解我国女性人口受教育状况和女子学校发展现状，开展国内、国际女子教育研究领域的交流，深化女子学校教育改革等有重要参考价值。

妇女进步，教育为先。女子教育是从社会性别视角的教育审视，女子学校是因材施教的教育机构。女子学校是探索女生成长成才的试验田，是一种优质教育资源和特殊文化环境。女子学校更容易唤醒女生的自觉，更能张扬女生的个性。新时代新征程，要贯彻落实习近平总书记关于教育强国建设、妇女和家庭工作等重要论述精神，紧盯《中国妇女发展纲要（2021—2030年）》提出的教育目标，巩固拓展教育男女平等成果，推进女子学校高质量发展，不断满足女性对优质教育的需求。我国女子教育和女子学校发展前景光明。

目　录

第一章　我国教育发展性别审视

改革开放以来，男女平等国策和两性公平原则在教育领域得到贯彻落实，女性与男性享有平等的教育权利和机会，女性教育水平显著提高。这主要表现在，男女受教育差距进一步缩小，女性平均受教育年限增幅高于男性，女性受教育程度结构不断优化；各级各类教育中女性参与率明显上升，本科和硕士研究生教育阶段女性在校生比例高于男性。女童专项扶助和扫盲专项资金措施成效明显，女性接受职业教育技能培训比例不断提高。男女平等原则和教育公平理念日益深入人心。

教育是民族振兴、社会进步的重要基石，是影响个人生存与发展的重要因素。性别是分析社会发展和社会公平的一个重要维度。在分析改革开放以来我国教育领域的男女公平之前，有必要对社会性别和教育男女公平的内涵进行界定。

生理性别（sex）是指解剖学意义上的男女差异特征（如染色体、性腺、身体形态、生理机能等不同）。社会性别（gender）是20世纪90年代前后从西方学术界引入的概念，并逐渐成为我国女性研究、性别研究的主要视角和工具。在女性主义学者看来，社会性别区别于生理性别，是指男女在社会历史中形成的文化差异。按《英汉妇女与法律词汇释义》，社会性别是由社会文化形成的对男女差异的理解及社会文化中形成的属于女性或男性的群体特征和行为方式。❶社会性别视角是一种女性主义视角。较之于其他的女性视角，社会性别视角不将男性作为对立面，是在研究女性的同时将男女两性及两性关系纳入研究范畴，以男女平等和男女两性自由解放作为研究目的。❷

但是，现实中在谈到教育领域的男女平等时，不少人把教育男女公平（equity）与教育性别平等（equality）混为一谈，不仅强调男女在教育权利、机会和教育过程的平等（相同），而且强调教育结果的一致（相同），这是一个认知误区。教育过程与结果之间存在多种不确定性，相同的教育起点和过程并不必然产生相同的教育结果，不同的教育起点和过程也可能产生相同的教育结果。而且"平等"也有"公平的平等"和"不公平的平等"之分。笔者认为，公平的男女教育平等是尊重和包容男女两性差异的教育平等，即男女获得的教育机会和教育年限、学术资格、文凭等形式上的结果与其在总人口中所占的比例大致相当，这种教育机会和结果的获得不会因为男女两性的不同而不同。

教育公平是社会公平的一个维度。本书所说的教育性别公平是指在教育领域中男女平等的实现程度，主要指生理性别视角和统计学意义的教育公平问题。就统计学而言，教育性别公平是指男女两

---

❶ 谭兢嫦，信春鹰.英汉妇女与法律词汇释义 [M].北京：中国对外翻译出版公司，1995：145.

❷ 付红梅.社会性别理论在中国的运用和发展 [J].中华女子学院学报，2006（4）：1-6.

性所获得的教育机会与其在总人口中所占的比例是大致相等的，教育机会的获得不因男女性别而不同。从教育学来讲，教育公平包括教育起点、教育过程、教育结果的男女公平。

从生理性别视角考察国家或地区教育的发展，对于实现教育领域的男女平等、推进教育强国建设具有重要现实意义。自改革开放以来，党中央、国务院长期坚持教育优先发展的战略，教育系统全面贯彻党的教育方针，加快推进教育现代化、办好人民满意的教育，构建起了世界最大规模的教育体系，教育面貌发生格局性变化，教育普及水平实现历史性跨越，教育公平取得历史性进展。它们突出表现在以下方面：各级教育普及程度达到或超过中高收入国家平均水平，其中义务教育普及程度达到世界高收入国家平均水平，高等教育进入世界公认的普及化阶段；劳动年龄人口平均受教育年限达10.9年，新增劳动力平均受教育年限达13.8年，接受过高等教育的新增劳动力占53.3%。我国教育事业的快速发展，带来了国民素质和社会文明程度的提升，并深刻改变着国家和民族的精神面貌。❶

自中华人民共和国成立以来，促进男女平等始终是我国的一项基本国策。特别是随着改革开放推进、经济增长和社会进步，党中央、国务院将包括男女平等在内的公平正义作为中国特色社会主义建设的重要内容，不断完善法律法规，制定公共政策，编制发展规划，促进男女平等与妇女全面发展，保障妇女在政治、经济、文化、社会和家庭生活等方面享有与男子平等的权利和机会，取得了巨大

---

❶ 怀进鹏. 胸怀国之大者、建设教育强国、推动教育事业发生格局性变化 [N]. 学习时报，2022-05-06.

成就和突破性进展。本章根据有关权威统计数据和调查研究资料，对改革开放以来我国教育发展从性别视角进行分析。

第一节　我国女性受教育程度

受教育程度是一个衡量女性地位和发展状况的重要指标。根据国家统计局、教育部和国务院妇女儿童工作委员会办公室等提供的数据资料，改革开放以来，教育领域持续贯彻男女平等基本国策，女性与男性平等接受教育得到切实保障，女性受教育水平不断提高，男女教育差距不断缩小并且趋于平衡。

一、女性受教育程度结构不断优化

受教育程度既是反映女性教育地位的指标之一，也是影响女性地位与发展的重要因素。自改革开放以来，我国女性受教育程度结构不断优化。2006 年、2020 年全国 6 岁及 6 岁以上女性人口受教育情况见表 1-1。根据《中国统计年鉴（2021 年）》，2020 年我国 6 岁及 6 岁以上女性人口中，具有高中及以上教育程度的占到 53.16%。

表 1-1　2006 年、2020 年全国 6 岁及 6 岁以上女性人口受教育程度对比

年份	受教育程度占比 /%			
	小学	初中	高中	大专及以上
2006	34.49	35.92	11.31	5.41
2020	3.90	26.41	37.03	16.13

资料来源：国家统计局《中国统计年鉴（2006 年）》《中国统计年鉴（2021 年）》。

二、女性平均受教育年限增幅高于男性

根据《中国性别平等与妇女发展评估报告（1995—2005年）》，在此期间女性人口平均受教育年限提高了1.07年，男性人口只提高0.73年，女性比男性高出0.34年。

根据第六次全国人口普查数据，2010年女性平均受教育年限达到8.40年，比2001年提高了1.30年，与男性的差距比10年前缩小0.50年。

根据第七次全国人口普查数据，2020年女性平均受教育年限达到9.59年（比2010年提高1.19年），男女差距由2010年的女性比男性少0.80年缩小为少0.63年。这些都是了不起的教育进步和成就（见表1-2）。

表1-2　1990—2020年我国人口平均受教育年限一览表

单位：年

年份	男性	女性	男女差距
1990	7.40	5.50	1.90
1995	7.80	6.10	1.70
2001	8.40	7.10	1.30
2010	9.20	8.40	0.80
2020	10.22	9.59	0.63

资料来源：国务院妇女儿童工作委员会、国家统计局《中国妇女儿童发展状况监测统计资料1990—2021年》。

三、女性文盲率持续下降

中华人民共和国成立之初，我国妇女文盲率在90%以上，女

童入学率仅 20%。改革开放以来，经过各级政府和妇联组织等持续不断努力，我国基本扫除了妇女青壮年文盲，女性文盲率明显下降（见表 1-3）。

表 1-3　1990—2020 年我国成人妇女文盲、青壮年妇女文盲变化情况

项目年份	1990	1995	2000	2020
成人妇女文盲数 / 亿人	1.28	1.05	0.55	0.28
成人妇女文盲率 /%	32.00	24.05	13.47	4.96
青壮年妇女文盲数 / 万人	4443	2855	1503	—
青壮年妇女文盲率 /%	14.78	9.42	4.13	—

资料来源：国家统计局和教育部新闻办公室有关年份统计年鉴或监测报告。

根据第七次全国人口普查，全国文盲率 2.67%，其中女性为 4.10%，比 2010 年下降 2.1 个百分点，两性差距由 2010 年的女性比男性高 4.1 个百分点缩小到高 2.8 个百分点。

根据国务院新闻办公室《中国性别平等与妇女发展》2015 年白皮书，2013 年我国女性 15 岁及以上文盲率为 6.70%，比 1995 年降低了 17.4 个百分点，女性文盲人口比 1995 年减少了 7000 多万人。

但是，15 岁及 15 岁以上女性文盲人口及其比例仍然高于男性。根据《中国统计年鉴（2021 年）》，2020 年我国 15 岁及 15 岁以上女性人口中，女性文盲占女性人口的 4.95%，而男性文盲只占男性人口的 1.62%。

第二节 各教育阶段女在校生占比

通过贯彻落实《中华人民共和国义务教育法》《中国妇女发展纲要》《中国儿童发展纲要》等相关法律法规和政策，实施女童专项扶助政策后，适龄女童平等接受义务教育得到保障，女性接受高中及以上阶段教育机会有所增加。除个别年份人口下降的原因外，我国女性人口在各级各类教育中所占的比例不断上升。

改革开放以来，我国各级各类教育中女在校生所占比例不断上升（见表1-4）。

表1-4 改革开放以来各级各类学校教育中女在校生人数与比例

年份	高等学校		中等专业学校		普通中学（含初中）		职业（含农业）中学		小学		女在校生总数/万人	女在校生占在校生总数/%
	人数/万人	占比/%	人数/万人	占比/%	人数/万人	占比/%	人数/万人	占比/%	人数/万人	占比/%		
1980	26.8	23.4	39.2	31.5	2180.1	39.6	14.8	32.6	6517.4	44.6	8778.3	43.0
1990	69.5	33.7	102.0	45.4	1920.1	41.9	133.7	45.3	5655.5	46.2	7880.8	44.9
2000	227.9	41.0	277.3	56.6	3402.4	46.2	237.4	47.2	6194.6	47.6	10339.6	47.1
2008	1007.7	49.9	428.3	52.4	3822.4	47.6	357.6	47.7	4792.8	46.4	10580.2	47.1

资料来源：根据历年教育统计数据整理而成。

注：各年度数据均不含成人教育学生数。2008年度高等学校学生数不含研究生数，职业中学不含技工学校和职业初中的人数。

自2008年以来，不管入学机会还是接受教育程度，女性追赶速度更快。2020年，在普通高中、普通本科和硕士研究生阶段，女在校生占比都超过了男生（见图1-1）。这进一步表明我国各级各类教育总体上实现了男女教育公平。

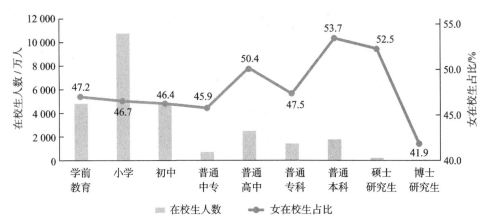

图 1-1　2020 年我国各级各类学校教育中女生人数与比例

一、女童与男童平等接受学前教育，在园女童数量增速高于男童

自《中国儿童发展纲要（2011—2020 年）》实施以来，我国连续实施三期学前教育行动计划，多种形式增加学前教育资源，切实保障女童平等接受学前教育的权益。2020 年，全国共有学前教育（包括幼儿园和附设幼儿班）在园女童 2272.1 万人，比 2010 年增加919.5 万人，增长 68%（见图1-2），增速比全部在园儿童高 6.1 个百分点；接受学前教育的女童所占比重为 47.2%，比 2010 年提高 1.7个百分点。2020 年，全国学前教育毛入园率为 85.2%，远高于《中国儿童发展纲要（2011—2020 年）》提出的"达到 70%"目标。

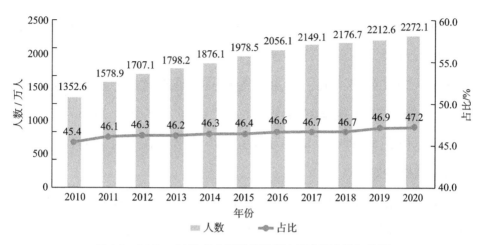

图 1-2　2010—2020 年全国学前教育在园女童人数与比例

二、义务教育阶段男女差异基本消除，男女学生入学率和巩固率大体持平

《中华人民共和国义务教育法》《中国儿童发展纲要（2001—2010 年）》《中国儿童发展纲要（2011—2020 年）》的颁布实施，有力地保证了女童与男童平等的教育机会。改革开放前 30 年（1978—2008 年），虽然学龄人口数有所下降，导致义务教育阶段在校生数有所减少，但是义务教育普及程度和男女平等指数不断提高，男女生在入学率和巩固率上基本接近（见表 1-5）。

表 1-5　1995 年、2000 年、2007 年、2008 年度小学男女童入学率比较

年份	1995	2000	2007	2008
适龄儿童入学率 /%	98.5	99.10	99.49	99.54
男童入学率 /%	98.9	99.14	99.46	99.50
女童入学率 /%	98.2	99.07	99.52	99.58
女童与男童比较 / 百分点	−0.7	−0.07	0.06	0.08

资料来源：教育部各年度全国教育事业发展统计公报、教育部门户网站。

自《中国儿童发展纲要（2011—2020 年》实施以来，随着城乡一体化的发展，相关法律政策的不断完善，以及"春蕾计划"等女童专项扶助政策的实施，女童平等接受义务教育的权利得到进一步保障。小学学龄女童基本实现应上尽上，净入学率自 2015 年开始连续 6 年保持在 99.9% 以上，与男童基本持平，在义务教育阶段已基本消除性别差距。

根据国家统计局公布数据，2020 年，九年义务教育巩固率为 95.2%，比 2010 年提高 4.1 个百分点，如期实现《中国妇女发展纲要（2011—2020 年）》提出的"达到 95%"目标；九年义务教育阶段在校生中女生为 7285.2 万人，比 2010 年增加 197.5 万人，增长 2.8%，占在校生的比重为 46.6%。❶

三、女生接受高中阶段教育进一步巩固加强，妇女接受职业教育培训比例不断提高

《中国妇女发展纲要（2011—2020 年）》实施以来，我国高中阶段教育普及水平不断提升，女生平等接受高中阶段教育进一步巩固加强。2020 年，全国高中阶段毛入学率达到 91.2%，比 2010 年提高 8.7 个百分点，实现《中国妇女发展纲要（2011—2020 年）》提出的"达到 90%"目标。2020 年，高中阶段教育共有在校女生 1950.4 万人，占比 46.9%；其中，普通高中在校生中的女生为 1257.5 万人，占比 50.4%，连续 6 年保持在半数以上。

---

❶ 国家统计局《中国妇女发展纲要（2011—2020 年）》统计监测报告。

义务教育平等发展为高中阶段教育男女公平奠定了基础，女生进入各类高中阶段教育的比例都有增加。从普通高中教育来看，男女入学率差异逐渐减小。例如，1980 年普通高中女在校生占比为 39.60%；到 2000 年，普通高中女在校生占比为 46.17%；到 2008 年，普通高中女在校生占比上升到 47.48%。20 世纪 90 年代以来，普通中专、职业高中和普通高中女在校生占比均有大幅度提高，并且普通中专女生所占比例高于普通高中女生所占比例（见表 1-6）。

表 1-6　1980—2006 年普通中专、职业高中、普通高中女在校生占比

年份	普通中专		职业高中		普通高中	
	人数/万人	比例/%	人数/万人	比例/%	人数/万人	比例/%
1980	39.20	31.50	14.80	32.70	2180.08	39.60
1990	101.99	45.44	133.65	45.31	1920.11	41.87
2000	277.31	56.65	237.36	47.17	3042.38	46.17
2006	383.45	52.83	314.87	48.02	3984.38	47.14
2008	428.25	52.40	357.59	47.66	3822.4	47.48

资料来源：历年《中国教育事业统计年鉴》。

国家制定和完善职业教育的法律政策，加大职业教育经费投入，完善助学政策体系，扩大妇女接受职业教育规模。2014 年，接受中等职业教育的女性规模达到 805 万人，普通中专在校女生达到 397 万人，分别占总数的 44.7% 和 53.0%；全国接受各种非学历高等和中等教育的女性规模分别达到 346 万人和 2000 多万人。开展"新型农民科技培训工程""国家高技能人才振兴计划"和针对农民工职业技能提升的"春潮行动""阳光工程"等多样化培训，满足不同妇女群体的职业发展需求。2013 年，妇女参加政府培训机构举办的职工技能培训人数占培训总数的 43.0%。

四、各类高等教育中女生占比均超过男生，接受教育层次也不断提高

改革开放以来，我国高等教育得到快速发展，女性接受高等教育的机会不断增加。多渠道、多形式地为贫困和残疾女大学生提供资助，使女性平等接受高等教育得到有力保障。如今，在本专科、研究生的教育中，不仅女性人数和比例都不断提高，而且女在校生数占比均超过男生。

根据《中国妇女发展纲要（2011—2020 年）》终期统计监测报告，2020 年，高等教育毛入学率为 54.4%，比 2010 年提高 27.9 个百分点。在普通本专科、成人本专科在校生中，女生分别为 1674.2 万人和 450.6 万人，占比分别为 51.0% 和 58.0%，比 2010 年分别提高 0.1 和 4.9 个百分点。2020 年，高等教育在校女研究生人数为 159.9 万人，占全部研究生的比重达到 50.9%，比 2010 年提高 3.0 个百分点（见图 1-3）。[1]

2021 年是实施《中国妇女发展纲要（2021—2030 年）》的开局之年。根据国家统计局披露的统计监测资料，2021 年全国高校在校生中女生为 2780.7 万人，占在校生总数的 50.2%，比 2020 年增加 124.4 万人。其中，女研究生为 171.7 万人，占全部研究生的 51.5%，提高了 0.6 个百分点；普通、职业本专科和成人本专科在

---

[1] 国家统计局《中国妇女发展纲要（2011—2020 年）》终期统计监测报告。

校生中女生分别为 1756.1 万人和 480.5 万人，占比分别为 50.2% 和 57.7%。❶

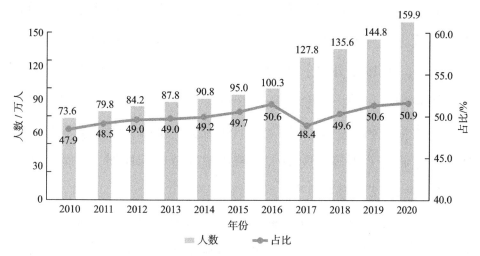

图 1-3　2010—2020 年高等教育在校女研究生人数及占比

此外，各级政府制定积极政策，开设少数民族专门学校，采取倾斜性定向招生措施，大幅增加少数民族女性接受各级各类教育的资源。制订贫困女童和女生专项教育计划，确保偏远、贫困地区女生平等享有教育机会。加快农村寄宿制学校建设，改善农村女童的学习生活条件。出台专项政策，为流动儿童在流入地接受教育创造条件。重视特殊教育，增加残疾妇女接受各级各类教育的资源，残疾妇女受教育水平不断提高。男女平等原则和理念逐步融入教学和科研。越来越多的学校开始在教育内容和教学方式中引入男女平等理念，一些地方尝试在中小学开设男女平等教育课程，引导学生树

❶ 国家统计局 .《中国妇女发展纲要（2021—2030 年）》统计监测报告 . [EB/OL].（2023-04-20）[2024-05-03]. https://www.stats.gov.cn/sj/zxfb/202304/t20230417_1938687.html.

立男女平等的性别观念。在一些师资培训计划和师范类院校课程中增加男女平等内容，增强教育工作者的男女平等意识。提高各级各类学校和教育行政部门决策和管理层的女性比例，女性在高等教育教学及管理等领域的参与状况明显改善，2014 年，高校女教师比例为 48.1%，比 1995 年增长了 18.1 个百分点。高等学校女性学学科建设不断加强。目前，百余所高校开设了 440 余门女性学和男女平等课程，女性学硕士、博士学位点不断增多。全国哲学社会科学规划领导小组将男女平等议题纳入国家哲学社会科学规划，支持开展男女平等与妇女发展研究。❶

综上所述，改革开放以来，由于党和国家的高度重视，教育界和妇女界的协同努力，社会各界的积极支持，因历史原因造成的男女教育差距大大缩小，女性平均受教育水平大幅度提高，男女基本做到了平等分享教育资源，义务教育阶段的性别差距明显消除，高等教育中女生占比均超过男生，我国总体上实现了两性教育公平。但是，要清醒地看到，在我国城市和经济发达地区，男女受教育的差距很小或者男女实现均衡甚至女性比例超过男性；而在一些农村地区，特别是经济落后地区，教育上的男女差距和机会公平在某种程度上还存在。例如，在贫困和偏远山区的非独生子女家庭，"重男轻女"现象还没有彻底消除。在我国成年文盲人口中，女性比例仍然高于男性，而且绝大多数分布在落后偏远农村地区。在职业教育和普通教育类型选择上，男女之间存在一定程度的性别隔离现象。

---

❶ 见 2015 年由中华人民共和国国务院新闻办公室发布白皮书《中国性别平等与妇女发展》。

当前学校教育不同程度地延续与复制性别刻板印象、高等教育阶段存在专业选择的性别隔离、幼儿园和中小学女教师比例居高不下、基础教育阶段男生弱势问题日益显现等。这些或多或少都与男女平等基本国策和教育公平取向的法规政策没有得到很好的贯彻落实有关。因此，在教育领域深入贯彻男女平等基本国策，提高全民族妇女素质和能力，进一步推进男女教育公平，办出各级各类女子学校的特色，其任务还十分艰巨。

第三节 妇女教育相关法规政策

我国教育领域的性别议题大致可以分为两类：一类是男女教育公平，另一类是男女两性自由发展（男女差异化发展），它们都与我国经济、社会发展水平相关，与公共政策、文化传统等相关。从社会性别视角看，教育法规政策要以"公平"价值取向替代"平等"价值取向，即进一步致力于"男女教育公平"而非抽象意义上的"男女教育平等"。忽视男女两性差异、抑制和过分张扬男性或女性的发展，都违背学校教育及人的发展规律。

教育法规政策涵盖面很广，从层次上可分为教育基本法规政策和具体法规政策；从发挥作用上可分为鼓励性法规政策和限制性法规政策；从实施效果上可分为直接性法规政策和间接性法规政策；等等。本节主要对近三十年来，我国有关妇女教育的法规政策及其实践成效进行初步分析。

一、近三十年我国教育法规建设概观

教育法规是有关教育方面的法令、条例、规则和规章等规范性文件的总称，也是对人们的教育行为具有法律约束力的行为规则的总和。教育政策是指导教育实践活动的依据、纲领和准则，即政党、政府等各种政治实体在一定历史时期为实现一定的教育目的而协调内外关系所制定的行动准则。教育法规和教育政策本质上是一致的。教育政策是制定教育法规的依据，教育法规是教育政策得以实施的保证。它们既有共性，又有"个"性。

我国教育法规体系大致由以下部分组成：宪法中有关教育的条款、教育基本法律、教育单行法律、教育行政法规、地方性教育法规、教育规章（含部门教育规章和政府教育规章）。所有这些教育法律、法规及教育规章，由于制定机关不同而表现出不同的法律效力。

1995 年第四次世界妇女大会（以下简称"第四次世妇会"）以来，我国先后颁布和修订或修正的主要教育法规：《中华人民共和国教育法》（1995 年颁布，2009 年、2015 年、2021 年先后修正），《中华人民共和国义务教育法》（1986 年颁布，2006 年修订，2015 年、2018 年修正），《中华人民共和国高等教育法》（1998 年颁布，2015 年、2018 年修正），《中华人民共和国职业教育法》（2005 年颁布，2022 年修订），《中华人民共和国未成年人保护法》（1991 年颁布、2006 年修订、2012 年修正、2020 年修订）等。先前颁布及陆续修订、修正的教育法规政策，切实保障了包括女性在内的广大人民群众受教育的权利，推动了我国教育事业科学发展，提高了包括女性在内的全民素质，为全面建成小康社会、全面建成社会主义现代化强国作出了重要贡献。

第四次世妇会以来，我国深入贯彻男女平等基本国策和教育法律法规，建立了社会性别主流化机制，体现了男女平等和性别公正原则，保障了女性受教育权益，促进了教育领域的男女平等，缩小或消除了因历史原因形成的差距。实践成效主要表现在以下方面。❶

我国教育普及程度大幅度提高，教育总体发展水平进入世界中上行列。2014 年学前教育三年毛入园率达到 70.5%，提前六年实现教育规划纲要确定的 2020 年 70% 目标，"入园难"现象得到缓解，学前教育毛入园率达到中高收入国家平均水平。义务教育普及成果得到有效巩固，小学净入学率达到 99.8%，初中毛入学率达到 103.5%，九年义务教育巩固率达到 92.6%，义务教育普及率超过高收入国家平均水平。高中阶段教育入学机会进一步扩大，毛入学率达到 86.5%。高等教育大众化水平逐步提升，毛入学率达到 37.5%。高中阶段教育和高等教育毛入学率均超过中高收入国家平均水平。继续教育参与人次快速增长，上千万老年人通过老年大学、远程教育等形式继续学习，各类人员参与社区教育等各类学习活动达上亿人次。我国主要劳动年龄人口受过高等教育的比例达到 15.83%，人力资源强国建设加快推进，服务经济社会发展能力显著提高。职业院校每年输送近 1000 万名技术技能人才，开展培训达上亿人次。普通本科高校累计输送近 2000 万名专业人才，牵头承担了一大批国家重大科学研究和重大工程项目，产出了一大批重大科研和科技转化成果。教育质量越来越得到国际认可，国际影响力稳步增强，一流大

❶ 2014 年全国教育事业发展情况 [EB/OL].（2015-11-25）[2024-03-11]. http://www.moe.gov. cn/jyb_sjzl/s5990/201511/t20151125_ 220958.html.

学和一流学科建设得到国际社会广泛关注，在国际教育界发挥着越来越重要的作用。

国家把促进包括男女平等在内的教育公平作为一项基本政策加以贯彻实施。针对教育城乡、区域、校际、群体差距，加大政策、资金、项目等倾斜扶持力度，努力形成惠及全民的公平教育，不断增强人民群众获得感。这些措施主要包括以下方面：切实办好农村教育，进一步缩小城乡差距；提升中西部教育发展能力，进一步缩小区域差距，全面提高少数民族和民族地区教育水平；深入推进义务教育均衡发展，进一步缩小校际差距；加大对特殊群体扶持力度，进一步缩小群体差距。坚持德育为先、能力为重、全面发展，努力提供更加丰富的优质教育资源。坚持职业教育和普通教育协调发展、民办教育和公办教育共同发展、高校分类发展，努力完善更加合理的教育结构。坚持以提高教育质量为核心，加快推进教育改革，加强顶层设计与基层探索有机互动，努力解除制约教育发展的体制机制障碍，不断激发教育发展活力。加强教师队伍建设，扩大教育投入，推进教育信息化，努力构建促进教育事业科学发展的保障体系。

二、近三十年若干妇女教育法规政策举要

教育法规政策涵盖面很广，从不同角度可以进行多种分类。比如，从层次上可分为教育基本法规政策和具体法规政策；从发挥作用方面可分为鼓励性法规政策和限制性法规政策；从对实施对象产生的影响可分为直接性法规政策和间接性法规政策；等等。下面主要对国家层面的基本教育法规政策和三个版本的《中国妇女发展纲要》进行分析。

（一）教育法规政策的社会性别审视

自中华人民共和国成立以来，特别是 1995 年第四次世妇女会以来，我国逐步建立了社会性别主流化（gender mainstreaming）的机制，妇女参与教育立法、规划和决策的机会明显增多，公共教育政策总体上指向了男女平等和性别公正。

1995 年颁布的《中华人民共和国教育法》（以下简称《教育法》）规定：公民不分民族、种族、性别、职业、财产状况、宗教信仰等，依法享有平等的受教育机会；学校和有关行政部门应当按照国家有关规定，保障女子在入学、升学、授予学位、派出留学等方面享有同男子平等的权利。

2005 年修正的《中华人民共和国妇女权益保障法》（以下简称《妇女权益保障法》）进一步强调：实行男女平等是国家的基本国策；国家采取必要措施，逐步完善保障妇女权益的各项制度，消除对妇女一切形式的歧视；国务院制定中国妇女发展纲要，并将其纳入国民经济和社会发展规划，并在第三章对保护妇女的"文化教育权益"进行详细规定，主要包括以下几个方面。

（1）国家保障妇女享有与男子平等的文化教育权利，保障妇女在入学、升学、毕业分配、授予学位、派出留学等方面享有与男子平等的权利。

（2）学校在录取学生时，除特殊专业外，不得以性别为由拒绝录取女性或者提高对女性的录取标准。

（3）学校应当根据女性青少年的特点，在教育、管理、设施等方面采取措施，保障女性青少年身心健康发展。

（4）父母或者其他监护人必须履行保障适龄女性儿童少年接受义务教育的义务。

（5）政府、社会、学校应当采取有效措施，解决适龄女性儿童少年就学存在的实际困难，并创造条件，保证贫困、残疾和流动人口中的适龄女性儿童少年完成义务教育。

（6）各级人民政府应当依照规定把扫除妇女中的文盲、半文盲工作纳入扫盲和扫盲后继续教育规划，采取符合妇女特点的组织形式和工作方法，组织、监督有关部门具体实施。

（7）各级人民政府和有关部门应当采取措施，根据城镇和农村妇女的需要，组织妇女接受职业教育和实用技术培训。

此外，《妇女权益保障法》还强调对不送适龄女性儿童少年入学的父母或者其他监护人，由当地人民政府予以批评教育，并采取有效措施，责令送适龄女性儿童少年入学；对违反《妇女权益保障法》的规定，侵害妇女文化教育权益的，提出了追究责任及相应的处罚措施。

《教育法》《妇女权益保障法》及相关教育法规政策，保障了妇女的教育权益，促进了教育领域的男女平等，为提高女性整体教育水平发挥了重要作用。

（二）《中国妇女发展纲要》政策性分析

国务院先后发布的《中国妇女发展纲要（2001—2010年）》《中国妇女发展纲要（2011—2020年）》《中国妇女发展纲要（2021—2030年）》（以下简称《妇女纲要》），都把教育作为推进男女平等的六大优先领域之一，强调男女平等享有受教育的权利和机会，持续提高妇女受教育程度的总目标，并就教育领域如何深入贯彻男女平等基本国策提出了若干具体目标、策略和措施。

比较前后三版《妇女纲要》不难发现，2011 年和 2021 年《妇女纲要》更充分、更全面地体现了"社会性别主流化"的原则，提出了妇女"受教育程度持续提高"的总目标，增加了"教育工作全面贯彻男女平等原则"条款。相对于 2001 年《妇女纲要》，2011 年和 2021 年《妇女纲要》的约束性指标明显增多，指标的可操作性、可监测性越来越强（见表 1-7）。

表 1-7 三版《妇女纲要》中有关妇女的教育发展目标对比

主要目标	2001 年《妇女纲要》	2011 年《妇女纲要》	2021 年《妇女纲要》
平均教育年限	达到发展中国家的先进水平	劳动年龄的妇女平均受教育年限 11.2 年	女性平均受教育年限不断提高
学前教育	（未明确）	学前三年毛入园率达到 70%，女童平等接受学前教育	（未明确）
义务教育	小学女童净入学率达到 99% 左右、五年巩固率达到 95% 左右，初中女童毛入学率达到 95% 左右，基本杜绝小学适龄女童失学	九年义务教育巩固率达到 95%，确保女童平等接受九年义务教育，消除女童辍学现象	女童平等接受义务教育，九年义务教育巩固率提高到 96% 以上
高中阶段教育	女性毛入学率达到 75% 左右	毛入学率达到 90%，女性平等接受高中阶段教育	女性平等接受高中阶段教育，高中阶段教育毛入学率达到并保持在 92% 以上

主要目标	2001 年《妇女纲要》	2011 年《妇女纲要》	2021 年《妇女纲要》
高等教育	女性毛入学率达到15% 左右	毛入学率达到40%，女性平等接受高等教育，高校在校生中男女比例保持均衡	高校在校生中男女比例保持均衡，高等教育学科专业的性别结构逐步趋于平衡
成人教育	成人妇女识字率提高到85% 以上，其中青壮年妇女识字率提高到95% 左右。提高妇女的终身教育水平	女性青壮年文盲率控制在2% 以下	女性青壮年文盲基本消除，女性接受终身教育水平不断提高
职业技术教育	（未明确）	提高女性接受职业学校教育和职业培训的比例。加大女性技术技能人才培养力度	女性接受职业教育的水平逐步提高。大力培养女性科技人才。男女两性的科学素质水平差距不断缩小
其他	—	教育工作全面贯彻男女平等基本国策。高校提高女性学课程普及程度，各级各类教育课程标准及教学过程充分体现性别平等原则和理念	教育工作全面贯彻男女平等基本国策。大中小学男女平等教育全面推进，教师和学生的男女平等意识明显增强
新增	—	—	加强思想政治教育，增进妇女对习近平新时代中国特色社会主义思想的政治认同、思想认同、情感认同，引领妇女做伟大事业的建设者、文明风尚的倡导者、敢于追梦的奋斗者

围绕"教育工作全面贯彻男女平等原则"、促进妇女全面发展，三个版本《妇女纲要》围绕"国家宏观政策""法律和部门政策""社会教育和培训"三方面提出了若干策略和措施。2011 年和

2021 年《妇女纲要》提出了"教育法规、政策和规划的制定、修订、执行和评估"等 14 条或 13 条措施和策略，在强调保障男女平等接受各级各类教育的同时，更加突出女性群体内部的协调发展，更加关注落后地区和弱势女性群体，强调对农村、贫困地区和民族地区妇女发展的支持，缩小城乡、区域和妇女群体内部的差距，重视女性科技人才的培养及女性对科技领域的参与，倡导社会性别意识和妇女 - 性别理论研究。

特别值得提及的是，2021 年《妇女纲要》突出了坚持党的全面领导，把握妇女发展的正确政治方向，提出了定性目标要求，强调"加强思想政治教育，增进妇女对习近平新时代中国特色社会主义思想的政治认同、思想认同、情感认同，引领妇女做伟大事业的建设者、文明风尚的倡导者、敢于追梦的奋斗者"。

（三）《全国妇女教育培训体系建设纲要（2008—2010 年）》

2007 年中华全国妇女联合会（以下简称"全国妇联"）制定了《全国妇女教育培训体系建设纲要（2008—2010 年）》，要求切实办好各级女子院校，不断增强女子院校自主发展的能力，努力把中华女子学院办成全国女子高等教育的教学示范中心、科学研究中心、国际学术交流中心和女性学师资培训中心，带动全国女子高等教育的改革和发展。这些政策和建议只在学校层面得到了较好的贯彻，还未在政府和妇联组织层面受到应有的重视。

总体来讲，1995 年第四次世妇会以来的 30 年，不仅我国教育法规政策体现了男女平等的原则，而且这些法规政策得到了较好的贯彻落实，实施成效良好。根据《中国性别平等与妇女发展》白皮书，自1995年第四次世妇会以来，我国各级政府贯彻男女平等原则，努力保障男女平等接受教育的权利和机会，不断提高妇女在教育中的地位，女性受教育程度结构不断优化，女性人均受教育年限增幅高于男性，各级各类教育中女性参与率明显上升，大大缩小了教育领域因历史、文化等原因形成的男女差距，总体上实现了男女平等和教育公平。其突出表现如下：男女人口接受教育的差距明显缩小，妇女接受职业教育培训的比例不断提高，男女两性平等分享教育资源，越来越多的学校把男女平等理念引入教学和科研之中，各级各类女子教育院校得到了较好发展等。

但是，由于社会发展形势的变化，或者执行监督机制不够完善，或者缺乏充足的实施条件等，具有男女平等取向的教育法规政策，在有些地区、行业和领域贯彻落实得不到位。例如，三个版本《妇女纲要》都提出提高妇女接受职业教育和成人教育的水平，扫除妇女文盲工作等，但是在一些地区特别是农村妇女实际投入终身教育和职业培训的成效不够明显，扫除农村妇女文盲一直是教育文化工作的"老大难"问题。

三、完善妇女教育法规政策建议

要深入贯彻男女平等基本国策，增强全社会男女平等意识，不断完善教育法规政策及实施机制，积极推进教育男女公平，尤其需要在以下几个方面发力。

（一）完善针对弱势女性群体的激励和保护性教育法规政策

发展我国教育事业，缩小地区、城乡之间的教育资源差距，促进教育资源配置合理化，是实现包括男女平等在内的教育公平最根本的途径，政府和立法机关在其中要发挥主要的作用。教育机会的性别差异虽然常常表现为贫困家庭的选择，但与当地经济发展水平和教育资源的稀缺直接相关。在缩小教育资源分配的地区差距、性别差距方面，亚里士多德提出同类同等对待，不同类不同等对待，对于完善我国教育法规政策具有重要的启迪。按照亚里士多德的主张，面对失学、辍学女童及中老年女性文盲等弱势女性群体，政府要采取兼顾主流化战略和专门化战略的"双头战略"。❶也就是说，应当采取特殊的激励和保护性法规政策，使弱势女性人群具有和其他女性及男性一样多的发展机会，提高这部分人群平等参与社会的能力。例如，为了保障贫困女童顺利完成九年义务教育，政府应当加大相应的教育补偿力度（可以补到个人或者家庭）。又如，地方高校在招生录取时可以适度降低门槛，从而提高农村女生升入大学的入学率。

（二）增强教育法规政策制定与执行者的男女平等意识

性别敏感意识是指充分知晓生活中潜藏的性别偏见和男女不平等问题，并能运用社会性别分析方法审视类似的问题。性别敏感

---

❶ 社会性别主流化的基本概念目标和特点 [DB/OL].（2005-12-02）[2023-12-18]. http://www.cqjgdj.gov.cn/n187c16.aspx.

要求了解男女学生不同的需要，创造使每个学生都能健康成长的课堂、学校和社会环境。例如，传统上"男尊女卑""男强女弱""男主外—女主内""男主动—女被动"等性别偏见，不能完全反映当代社会生活中男女角色的丰富性和多样性，并折射出社会对女性某种程度的压抑和歧视。我们要动态地理解性别差异及其男女平等关系，承认性别之内和性别之间的差异及因年龄、地域、阶层、族裔等因素而可能发生的变化，正面评价和运用男女的差异，不将女性或男性有别于对方的差异看作缺点。为此，公共教育政策的制定者与执行者，要摒弃落后的性别文化观念，在男女平等理念下制定和实施教育法规政策。一方面，要重新审视、修订现行教育法规政策，消除性别歧视，鼓励学生全面发展，弱化性别因素对学校教育的影响，注重开发女性参与高科技领域等方面潜力❶；另一方面，要开展性别平等培训，帮助广大党政干部、新闻媒体工作者、教育工作者乃至全社会，树立正确的男女观念，增强性别敏感性，促进两性和谐同步发展。

（三）倡导开展男女差异化发展的学校教育实践实验

一些性别和教育研究者发现，在单一性别学校（女校）就读的女孩比男女同校的女孩能取得更好的学业成就，而且较少有性别刻板或性别角色定型现象。❷因此，积极扶持女子教育院校的发展，是

---

❶ 赵春娟.性别公平：学校教育的应然选择 [DB/OL].（2010-08-01）[2024-01-12]. http://epo. ecnu.edu.cn/shownews.asp?id=24.

❷ 单一性别教育研究及其对课堂教学的启示 [DB/OL].（2010-4-24）[2024-01-12]. http:// club.topsage.com/thread- 1044875-1-1.html.

推进教育男女平等、促进教育多样化发展的重要举措。我国女子院校已经有近 180 年的历史。虽然在"文革"期间女子院校明显萎缩，但自从 20 世纪 80 年代特别是 1995 年第四次世妇会以来，专门的女子院校又呈现新的生机和活力，并已成为我国教育系统中独特而不可替代的部分。目前，多数女子院校是依托妇联组织或者有关部门与妇联组织合作建立起来的，在发展过程中面临一般院校难以遇到的困境和挑战。教育法规政策制定部门应从推进男女平等的战略高度，花大力气种好"女子教育试验田"，在招生、教学、经费投入等方面，给女校以更多的关心、支持和照顾，使其在推进教育男女公平中发挥示范作用，从而提升我国妇女教育的国际知名度和引导力。

（四）进一步完善教育男女平等指标监测评估机制

这种教育监测与评估是从男女平等角度审视学校教育工作和教育活动过程，努力消除性别刻板印象和男女角色定型的负面影响。不同版的《妇女纲要》都强调，要对《妇女纲要》实施情况进行年度监测、中期评估和终期评估，及时收集、整理、分析反映妇女发展状况的相关数据和信息，动态反映《妇女纲要》目标完成情况。这就意味着，要通过开展教育监测与评估活动，掌握教育促进妇女发展的情况，分析和评价教育平等指标的达标状况，评判相关策略措施的效率、效果、效益，推动《妇女纲要》中提出的"妇女与教育"目标的实现。要发挥各级妇女儿童工作委员会的作用，推动人大、政协加大督查力度，依法督查妇女儿童受教育权益落实情况。

（五）重视中小学阶段男生发展出现的人格与体质问题

当前我国教育领域特别是中小学出现了一定程度的"男孩危机"，不仅表现为男孩体质有所下降，男女生学业优势的"易位"，而且表现为男女生个性"异化"。应当教成长中的男孩和女孩学会正确地做"人"——做真正的男人或者女人，实现男女平等理念下男女共同发展、因性别发展。要摆脱目前的"男孩危机"，需要学校、家庭、政府及全社会齐心协力，重新塑造一种新的教育生态环境，包括学校教育倡导"因性别施教"，家庭教育确保父性角色到位，大众媒体增强性别意识，全社会深入贯彻男女平等基本国策等。❶

总之，审视 1995 年第四次世妇会以来我国妇女教育的法规政策，对于推进教育领域的男女公平，探索两性差异化发展规律，消除教育中的性别歧视和性别盲点，提高妇女乃至全民族的教育水平，都具有现实和长远意义。但仅从社会性别视角分析教育法规政策及实践是片面的，还必须从多个学科角度考察我国公共教育法规政策，在根本解决社会公平和教育公平的同时，稳步推进教育领域的男女平等，促进男女更自由全面地发展。要适应新时代教育强国建设和妇女事业发展的新要求，持续贯彻男女平等基本国策，增强全社会男女平等意识，加大现行教育法规政策的贯彻落实力度，不断完善促进教育公平的法规政策及实施机制，针对教育领域可能出现的新问题，及时制定实施相应的对策与措施。

---

❶ 郭冬生.论基础教育阶段男生的个性培养[C]// 曹义孙.中国政法大学教育文选（第 19 辑）.北京：中国政法大学出版社，2016：2-21.

第二章　我国女子学校发展概观

　　我国女子学校有将近180年的历史。女子学校的发展既是妇女运动的结果，又是妇女运动的动力。作为一种有目的、有计划、有组织地培养人的社会机构，女子学校是教育家族中的基本成员，是中国特色社会主义教育体系的组成部分。自中华人民共和国成立以来特别是改革开放以来，党和国家重视妇女和妇女教育事业，促进了各级各类女子学校的发展，形成了一个以女生为专门教育对象、多层次、多形式、多功能的女子教育分体系，为推进我国妇女和教育事业的发展作出了积极贡献。本章主要介绍女子高等学校（含独立设置的女子高校和大学内设女子学院），女子中等学校（含女子中学、女子中专和女子职业学校），妇女干部学校的发展状况。

第一节　女子高等教育院校

　　"女子高校"是以"女子"学校命名并以女生为全部或主要教育对象的各类高等教育机构的总称。虽然学校数量不多、规模也不大，但是实践证明，女子高校不仅是我国高等教育多样化发展的一种模式，而且是传播先进性别文化的重要力量。

中国最早的女子高校是 1906 年在天津创办的北洋女子师范学堂，首任校长是吕碧城。该校被看作袁世凯在教育上的一项政绩。我国女子高校近 120 年的历史，大致可划分为四个发展阶段：从清朝末年到五四运动的兴起阶段（1905—1919 年）；从五四运动爆发到中华人民共和国成立的发展阶段（1919—1949 年）；从中华人民共和国成立到改革开放初期的合并停滞阶段（1949—1984 年）；从改革开放初期至今的创新发展阶段（1984 年至今）。❶

中华人民共和国成立后，经过七十多年的发展，女子高校形成了由独立设置女子本科学院、独立设置女子高职学院、其他高校内设女子学院组成的女子高等教育分支体系。我国女子高校在探索女子高等教育规律、培养有男女平等意识的女性人才方面，发挥着独特和不可替代的作用，为推动我国妇女事业和高等教育发展作出了积极而重要的贡献。

一、独立设置女子高校

独立设置的女子高校既区别于一般的普通高校，也有别于依托普通高校设置的女子学院，从事着与女性人才培养、科学研究、社会服务、文化传承等相关实践活动，可称之为一种特殊的高等教育环境或大学文化氛围。截至 2023 年，全国独立设置女子普通本科学校有三所（中华女子学院、湖南女子学院、山东女子学院），独立设置的女子高等职业学院有四所（福建华南女子职业学院、广东女子

---

❶ 张李玺. 中国妇女教育发展报告 NO.2（女子院校发展研究）[M]. 北京：社会科学文献出版社，2012：2-4.

职业技术学院、河北女子职业学院、河南女子职业学院），见表 2-1。
除福建华南女子职业学院为民办高校外，其余六所均为公办高校。

表 2-1　七所独立设置女子高校基本信息一览表

学校名称	成立年份	隶属	性质	院校类型	办学层次	在校生数
中华女子学院	2002	全国妇联	公办	普通本科	本科为主	4300 人
湖南女子学院	2010	湖南省教育厅	公办	普通本科	本科为主	9040 人
山东女子学院	2010	山东省教育厅	公办	普通本科	本科为主	10000 人
福建华南女子职业学院	1984	福建省教育厅	民办	高职	专科	8500 人
广东女子职业技术学院	2001	广东省教育厅	公办	高职	专科	9100 人
河北女子职业学院	2004	河北省教育厅	公办	高职	专科	7000 人
河南女子职业学院	2020	河南省教育厅	公办	高职	专科	4833 人

注：1. 此表成立年份指教育部或地方政府正式批准为全日制普通本科学校或高职学院的年份；
　　2. 各校在校学生数均引自各校官网公布的 2023 年度全日制在校生数。

独立设置女子高校坚持以质量和特色求发展，根据经济社会需求和女性成长成才规律，构建女性教育特色学科专业体系，探索不同于传统高校的办学模式和发展道路。进入 21 世纪以来，顺应高等教育分类发展大势，女子高校深化教学改革，改善办学条件，不断彰显办学特色，社会声誉逐步提高[1]，主要可归纳为以下几点。

一是专业设置注重应用。在学科和专业建设上，女子高校主动适应经济社会发展需求，充分考虑女生特点和办学条件，不追求"大"和"全"的学科专业架构，而是本着"人无我有、人有我优、

---

[1] 郭冬生. 试论我国女子大学的办学特色及其建设 [J]. 中华女子学院学报，2011（4）：7-11.

人优我特"原则，开设有利于女生就业和成才的专业及其他高校没有的专业，积极引导女生学习传统上以男性为主导的专业，形成了有一定特色的学科专业体系，建成了一批国家级、省部级的品牌专业或特色专业（见表2-2）。

表2-2　三所女子本科学校 2023 年本科专业设置

校别	覆盖学科门类	本科专业名称	专业数
中华女子学院	法、教、管、艺、文、经（6个门类）	法学、女性学、社会工作、社会学、学前教育、应用心理学、播音与主持、汉语国际教育、服装与服饰设计、视觉传达设计、表演、数字媒体技术、网络与新媒体、会计学、金融学、人力资源管理、家庭教育、养老服务管理	18个
湖南女子学院	文、管、艺、法、经、教、工门类（7个门类）	数智技术与女性发展、社会治理与现代服务、文化传承与数字传播3个应用特色学科，社会学、工商管理学、设计学、中国语言文学4个省级应用特色学科，马克思主义理论、计算机科学与技术、音乐与舞蹈学等	34个
山东女子学院	教、法、管、经、艺、文、工、理学（8个门类）	工商管理、学前教育为核心的2个专业群，社会工作、国际经济与贸易、旅游管理、工商管理、会计学、计算机科学与技术、人力资源管理、市场营销、金融工程、商务英语、数字媒体技术等	44个

例如，中华女子学院拥有学前教育、法学、女性学等5个国家一流专业建设点，社会工作等3个省级一流专业建设点；湖南女子学院拥有家政学、旅游管理2个国家级一流专业建设点、11个省级一流本科专业、9个教育部特设专业；山东女子学院拥有学前教育、社会工作2个国家级一流本科专业建设点、国际经济与贸易、旅游管理等10个省级一流专业建设点。

二是课程教学注重"四自"❶精神。女子高校重视男女两性差异，注重"四自"精神和性别意识培养，建立了无性别偏见、有利于女生自由发展的教育环境，逐步形成了人才培养特色。其表现如下：在课程和教学上，女子高校坚持因性别施教，重视女生全面发展和女性特质，面向全体学生开设了女性学、女性心理学、女性礼仪、形体训练、形象设计等多系列女性特色课程（见表2-3）。

表 2-3　五所独立设置女子高校女性教育特色课程要览

校别	特色课程名称	备注
中华女子学院	女性学、性别与发展、女性心理、形体训练、女子礼仪、女性审美、女子防身术、妇女法、女性公关、婚姻与家庭、未成年人保护法等	还有通识教育讲座
湖南女子学院	女性学、现代礼仪、女性心理学、形体训练、家政学、插花与茶道等通识课	—
广东女子职业技术学院	女性学、女大学生成才学、女性心理学、职业女性形象设计（公共必修）、女性文学欣赏、女子防身术、健美操、太极拳、太极剑、跆拳道等课程	还有女性特色系列讲座、论坛
河北女子职业学院	音乐、形体训练、美术、服装设计、居室美化、形象设计等课程	—
福建华南女子职业学院	家庭、素质、形象、文学、人际交往等女性系列课程	—

课堂教学注意运用性别分析方法，强化男女平等意识和女性独立人格塑造。女子高校把"大学文化"和"女性文化"有机融合起来，通过蕴含女校精神的校园文化活动，大力弘扬"四自"

---

❶ "四自"是指自尊、自信、自立、自强。

精神，强化女生主体意识和性别意识，提升学生的综合素质和能力。

三是科研注重性别研究。女子高校坚持"科研强校"战略，坚持以科研促进教学，整合校内外研究力量，围绕促进男女平等和妇女发展、家庭建设等领域，开展多学科、跨学科研究，传播社会主义先进文化，取得了一批批有影响、有分量的研究成果。三所独立设置的女子本科院校都是全国妇联妇女研究培训基地，在妇女－性别研究、家庭建设、妇女教育研究等领域处于国内先进水平。例如，中华女子学院牵头的《中国妇女教育发展报告》《新时代中国妇女发展报告》《中国媒介与女性发展报告》等已成为国内和海外同领域的学术品牌，《山东女子学院学报》《中华女子学院学报》在全国同行中也有较大影响力。湖南女子学院出版的《女子高校发展战略研究》《女性文学与文化研究丛书》等都是有影响的学术"名片"。

四是办学条件逐步改善。进入 21 世纪以来，独立设置的女子高校利用"改制"、评估等契机，加大投入和建设力度，建起了较为先进的计算机网络和电子阅览系统，教学、实验和实训条件显著改善。中华女子学院自 1995 年迁址、扩建以后，校园规划建设成效显著，花园式校园基本成型，数字校园、智慧校园建设与国内名校齐头并进，还建起了全国最全的女性－性别研究信息资源（"中国女性图书馆"）。湖南女子学院自 2003 年启动"升本"工程以来，学校占地增至 500 多亩，校园环境优美、绿树成荫，被评为"长沙市花园式单位"，学校曾被征作第五届全国城市运动会的比赛场地。

山东女子学院如今占地面积 1100 余亩，拥有长清、市中两个校区，建筑面积 28 万平方米。同时，学校建有实验（训）室 95 个，校外实习基地 385 余处。馆藏纸质图书 138.92 万册，电子图书 166.5 万册。

五是社会声誉不断提升。独立设置女子高校的教学质量和办学水平日益得到社会认可，输送的毕业生得到用人单位的好评，这些学校对考生和家长的吸引力越来越大。中华女子学院学生在服务保障庆祝建党百年大会、冬残奥会等党和国家的重大活动中，展现了新时代女大学生的风采，赢得了社会赞誉。服务国家总体外交，援外教育培训品牌效应凸显，2024 年中华女子学院成为国家国际发展合作署在高校设立的首个"全球妇女发展合作交流培训基地"。2024 年湖南女子学院在 2006 年人才培养工作水平评估中获"优秀"佳绩，并已成为"湖南省湖湘女性文化研究基地"和"湖南省高等教育（女性教育）学科研究基地"。山东女子学院已成为山东省妇女人才培养、妇女理论研究和宣传马克思主义妇女观的重要基地。

二、大学内设女子学院

1987 年，南京师范大学金陵女子学院恢复建校，这是最早并持续至今的大学内设女子学院。1993 年，天津师范大学国际女子学院成立。北京第四次世妇会前后，我国大学内设女子学院得到发展。例如，大连大学女子学院、上海师范大学女子文化学院、同济大学女子学院相继诞生。据不完全统计，全国大学内设女子学院（含女子书院）不到 10 所，包括南京师范大学金陵女子学院、同济大学女子学院、西安培华学院女子学院、汕头大学淑德书院、首都师范大学科德学院国际女子书院等。

大学内设女子学院（或书院），从办学主体看，多半母体学校为公办普通高校，极少为民办高校。从办学形式看，大学内设女子学院有实体型和虚体型两种模式。实体型女子学院指依托母体高校但单设专业并对外招生的女子学院，如南京师范大学金陵女子学院属于此模式。虚体型女子学院指不单独对外招生、以"书院"等形式实施女性特色教育的模式，如同济大学女子学院曾经属于此模式。从学生类型看，主要是全日制普通高校女生（如原大连大学女子学院女性 – 性别课程向男生开放），有个别女子学院开展在职妇女培训（如温州大学女子学院）。

总体上讲，我国大学内设女子学院高举"女性特色"旗帜，围绕女大学生发展的特殊需求，深化人才培养模式改革，整合优化校内外资源，实施有性别视角的针对性教育，提升女大学生的领导力，增强其社会性别意识，促进全面发展和个性化发展，主要表现在以下几个方面。

一是培养"四自"和高雅女性人才。大学女子学院基本上定位在培养高素质、高层次女性专门人才上，普遍重视女生综合素质教育，强调"四自"精神、实践和创新能力的培养。例如，南京师范大学金陵女子学院以培养人格独立、品德高尚、气质优雅、富有科学精神和生活情趣的现代知识女性为目标；西安培华学院女子学院以培养女生"四自"精神及提升女性领导力为基础，以培养具有国际视野、创新精神和高度的社会责任感的复合型女性人才为目标；首都师范大学科德学院国际女子书院以培养具有广阔国际视野、德智体美劳全面发展、知性高雅的女性精英人才为目标。

二是注重开发女性特色课程。大学内设女子学院在先进性别意识指导下，根据女性生理、心理特点，扬长避短，搭建女性特色教育平台，开设满足女生特殊需求、挖掘女性发展潜能的女性特色课程或素质教育课程。例如，同济大学女子学院"女性特色班"，立足与专业学院联合培养高层次女性专业人才，开设"卓越女性成长""论语导读""女性心理素质提升""女性创意设计""国学艺术赏析——古筝入门""国学艺术——古琴入门"等女性特色的通识课程，训练提高女大学生的领导能力和创新才能，使她们的聪明才智和独特魅力得到充分展示。❶

三是搭建优质资源共享平台。大学女子学院利用母体高校的学科、课程、师资、设备设施、图书信息、校园文化等资源优势，依托妇联组织优势和社会大平台，搭建女子高等教育新平台，推进妇女–性别学科建设。大学女子学院注重整合内部和外部资源，发挥高校的学术学科优势和妇联政治动员优势，助力培养有家国情怀、"四自"精神、专业知识、社会性别意识和高雅气质的现代女性人才。

四是重视培养男女平等意识。大学内设女子学院以男女平等和先进教育理念为指导，积极开展女性–性别理论研究，积极传播社

❶ 同济女子学院首届女性特色班结业典礼举行 [EB/OL].（2011-12-13）[2024-01-12]. https://news.tongji.edu.cn/info/1003/37238.htm.

会主义先进性别文化，积极参加推动男女平等和社会公平的各类实践。例如，培华学院、大连大学等高校的女子学院，建成该省或该地区妇女－性别理论研究的基地。大学女子学院既以本院学生为服务对象，又使女性特色课程向校内外开放，在为社会提供妇女与性别专题培训和讲座、传播和发展先进性别文化方面发挥了积极作用。

当然，在看到大学女子学院（书院）发展成就的同时，也要看到其面临的困难和不足，看到与妇女事业发展的不适应之处。要进一步加强女子高等教育研究，探索大学女子学院的办学规律，彰显依托高校办"女校"的优势，培养更多具有男女平等意识的优秀女性人才。

第二节　高中教育阶段女子学校

我国高中教育阶段女子学校历史悠久，在数量上比女子高等学校更多。现存的高中教育阶段女子学校包括全日制女子中学（含女子高中和完全中学）和女子中等职业学校（含女子职业高中和女子中专学校）两大教育类型。

一、全日制女子中学

我国女子中学的历史可追溯到 19 世纪由西方传教士创办的教会学校。1844 年英国爱尔德赛女士创办的"宁波女塾"（后改名"崇德女中"），被认为是最早的中国女子学校。1898 年 5 月 31 日，梁启超等人在上海创办的中国女学堂，被认为是国人自己开办的第一所女校。民国时期，冲破封建思想观念束缚，女子中学得到较快发展。

中华人民共和国成立特别是改革开放后，一度停办的女子中学逐渐恢复，并且新办若干女子中学。例如，1981 年全国第一所公立女子中学——上海市第三女子中学率先恢复，1986 年宁夏创办了同心县海如女子中学，1994 年第一所私立广州玛莎女子中学诞生，1996 年北京市华夏女子中学创建。此后，四川、湖北、云南、山东、广西、浙江、河南、辽宁、江苏等省（区）相继恢复或创办女子中学。到 21 世纪初期，全国共有 20 多所女子中学。[1]

研究发现，相对于十几年前，全国女子中学有增有减，学校总数不超过二十所。其中，江苏省有三所女子中学（包括无锡市第一女子中学、镇江崇实女子中学、南京汇文女子中学），云南有两所女子中学（昆明市女子中学、丽江华坪女子高中）。从办学教育体制来讲，公办女子中学多于民办女子中学，女子高中多于完全女子中学。而且绝大多数女子中学，已经成为该省或该地区示范性中学或特色名校。例如，上海市第三女子中学是上海市首批实验性示范性高中；沈阳市同泽女子中学是沈阳市特色高中、辽宁省美育特色校和家庭教育实验校；无锡市第一女子中学是市重点学校；郑州女子高中是国家级重点高中；昆明市女子中学是全国百强特色学校、全国外语教学示范学校；金华市女子中学是浙江省普通高中特色示范学校。九所女子中学的基本情况见表 2-4。

---

[1] 张李玺. 中国妇女教育发展报告 NO.2（女子院校发展研究）[R]. 北京：社会科学文献出版社，2012（22）.

表 2-4　九所女子中学基本情况一览表

学校名称	创 / 复校	体制	学段	教职工数 / 人	在校生数 / 人
上海市第三女子中学	1952 年	公办	高中	150	1200
上海市第三女子初中	2000 年	公办	初中	91	1000
北京华夏女子中学	1996 年	公办	完中	97	436
无锡市第一女子中学	2006 年	公办	完中	166	1730
沈阳市同泽女子中学	2003 年	公办	高中	102	953
河南郑州女子高中	2004 年	公办	高中	240	3400
浙江金华市女子中学	2002 年	民办	高中	45	800
云南昆明市女子中学	1995 年	公办	完中	110	1100
云南丽江华坪女子高中	2008 年	公办	高中	43	464

注：数据引自 2023 各校官网或招生简章信息，创办或复校只显示中华人民共和国成立以来。

　　需要说明的是，目前有几所女子中学与其他中学一体化办学，即一校两块牌子。例如，昆明市女子中学又称昆明市第二十八中学，是云南唯一的完全女子中学。1986 年创办的宁夏同心县海如女子中学，2008 年与县第四中学合并，是目前宁夏最大的农村寄宿制初级中学。有"长江流域最早女塾"之称的镇江崇实女子中学 2013 年复办，2022 年秋与茅以升中学一体化办学（同时挂两块校牌），但崇实女中的 3 个班只招女生，茅以升中学 3 个班男女生统招。1902 年创建的南京汇文女子中学，1951 年改名为南京人民中学，暂时挂靠在金陵中学招收女生班，等校舍改造完成后，将恢复南京汇文女子中学校名。

　　经系统研究发现，女子中学坚持特色办学，有因材施教的办学理念，有与时俱进的教育目标，有自主开发的校本课程，有口碑良好的校风学风，在本地区乃至全国同行中有较高知名度（见表2-5）。对多所女子中学毕业生的跟踪调查结果表明，不论是升学还是走向社会，女子中学毕业生心理素质好、个性阳光，更有爱心、担当意识、社会责任感，受到高一级学校和用人单位的普遍欢迎。

表2-5　七所女子中学教育理念、培养目标和特色课程

学校名称	教育理念	培养目标	特色课程
上海市第三女子中学（高中）	针对女生身心特点，发挥女生个性特长	独立、能干、关爱、优雅	学科探索、现代科技、语言素养、艺术鉴赏、世界文化、女子成才、品位生活、体育保健、女性礼仪等100多门
北京华夏女子中学	全面发展、因性施教、优化个性	求真向善、秀外慧中的21世纪新女性	人文素养、科学素养、身心健康、生活技能四大类40多门
无锡市第一女子中学	用智慧启迪智慧，用人格塑造人格	聪慧才女，优雅淑女	建构"道德与品格""家庭与幸福""语言与交流""艺术与审美""科学与创新""体育与健康"6大领域的校本特色课程
金华市女子中学	因性施教，优化个性，重德厚学，尚美拓新	自强自律、和谐发展，有传统美德的优秀毕业生和现代职业女性	英语口语、形体礼仪、美容、家政等现代女性选修课
昆明市女子中学	以质量求生存、在竞争中求发展	独立、能干、关爱、优雅的德才兼备、秀外慧中的女性	外语特色教学、形体训练、艺术欣赏、女性心理健康等课程
沈阳市同泽女子中学	按需培养，因性施教，为女生终身发展提供适合教育	多能、优雅、成功、现代的知识女性	艺体特色校（跆拳道、健美操、声乐、舞蹈、美术、书法等品牌），"六节二礼一课"育人工程。
郑州女子高中	服务社会，服务女性	具有"四自"精神、秀外慧中的新女性	女性成功学、传统美德与修养、礼仪、形体、舞蹈等

教育男女平等不是否定两性差异的"一视同仁"或"男女都一样"，而是尊重男女两大群体与生俱来的生理差异，积极践行性别视角的因材施教模式。研究发现，各地女子中学全面贯彻党的教育方针，不断深化教育教学改革，构建具有女中特色的课程体系，探索适应女生发展的教育模式，潜心培育有心灵之美、仪态之美、语言之美、思维之美、内涵之美的时代女性，突出表现在以下两个方面。

一是构建顺应天性的女校课程体系。在课程建设实践中，女子中学开足国家规定课程，推进国家课程校本化，开发包括艺术与审美、语言与交流、道德与品格、科学与创新、理科思维培养、体育与健康、家庭与幸福等适应女生需求的校本课程。这些为女性量身定制的非应试的素养课程，具有实用性、时代感、人性化等特点，无论必修还是选修，都是对应试教育课程的有益补充。例如，百年名校上海市第三女子中学，立足培养具有人文素养与科学素养的复合型现代女性人才，品质优秀、个性鲜明而有社会责任感的现代女性人才，关注社会、具有国际视野的国际化女性人才，确立了以"女生教育"为主题的综合课程体系，并分为理想信念、身心发展、人文社会、数理科技、艺术审美、综合体验六大类课程群。同时，上海市第三女子中学还开发教育剧场、女性人才特质研究、双语环保、大学体验、品味生活、中西讲坛、行进打击乐等系列特色课程。总之，该校通过构建有女校特色的课程体系，把学生培养成为人格独立、品德高尚，关爱自我、关注社会，气质优雅、内涵丰厚，宽容明理、知性进取，具有国际视野和多元文化理解力，科学精神和生活情趣兼备的现代知识女性。

二是探索"扬长补短"的女生教育体系。女子中学重视教学研究和教育实验，坚持理论联系实际，不断探索女生成长成才规律，产出了《女学生群体发展研究》《学科教学中的因性施教研究》《女子中学校本课程的开发与实验研究》《女校德育体系构建》等诸多代表性成果。女子中学的教育和管理，既充分扬女生之长，又努力补女生之短。对于语文、英语等科目，如果女生们接受得快，会调整教学进度和内容。对于数学等科目，如果有人学得比较吃力，在传统学校和班里未必能得到针对性指导；但是，在女子中学或女生班，对于女生没学会的知识点，学校会考虑相应增加课时，或者尝试其他教学方式。例如，百年名校辽宁沈阳市同泽女子中学，兼顾女生身心特点和学科体系特点，聚焦"课程重建—课堂变革"主题，构建并践行"扬长补短"的女生教育体系。学校根据女生语言能力和记忆力强的特点，开展文史特色学科创建活动，通过阅读与写作、诗歌鉴赏、戏剧与文学、演讲与口才等方面的知识传授，充分发挥女生情感细腻、善于表达的天性；学校弥补女高中生理性思维较弱的短板，建立理化生地等数字化实验室，通过直观展示实验细微过程，激发女生对理科学习的兴趣，锻炼其动手能力；学校尊重女生爱美、求美的需求和习惯，以艺术教育为突破口，以艺术校本、社团课程为引领，实现多学科渗透，涵养女生气质和审美能力。❶

每每谈到单一性别的女子学校，人们总会担忧学生毕业后，是

---

❶ 沈阳市同泽女子中学：群芳辉异彩 巾帼续华章 [EB/OL].（2022-05-31）[2024-05-30]. http://edu.nen.com.cn/network/education/eduzjxy/2022/05/31/386086068568462539.shtml.

否会适应现实生活？会不会影响人际交往？在笔者看来，创办包括女中在内的女子学校，开展性别视角的"因材施教育"，是促进教育多样化、差异化发展的需要，更是顺应女生禀赋、挖掘女生潜能的需要。当下人类社会开放多元，互联网打破现实壁垒，只要走出校门就能接触男性。那种"女校毕业生是否有交往障碍"的疑虑纯属多余。

有研究显示，在世界许多发达国家和地区，最好的学校是女校或男校。因此，适应现代教育多样化、个性化需要，精英型女子中学的前景会越来越好。正如中国陶行知研究会全国女生教育专业委员会理事长、无锡第一女子中学校长康立为所言："外界不了解女校的人，可能会有质疑意见。但是我们办女校的人，真的感觉到这个领域前景非常广阔。女校未来的发展一定会越来越好。不是全社会的女孩子都要上女校，而是让适合上女校的人上女校。"❶

二、女子中等职业学校

我国女子中等职业教育大致经历了晚清时期、民国时期、中华人民共和国时期等几个发展阶段。晚清时期的女子职业教育有以下几个特点：从创办主体看，女子职业学校主要由社会力量创办而非官办；从教育内容看，女子中职学校主要修习农学、家政、医护等方面的课程；从地域分布看，女子职业学校主要分布在东部沿海和中南一带。

---

❶ 探秘南京唯一女子中学：17门课程"因性施教"[N]. 现代快报，2016-10-17.

民国时期的女子职业教育主要有以下特点。

（1）从创办主体来看，有民间社会力量办学，也有政府参与进来办学。

（2）从办学规模看，女子职业学校数、在校学生人数、教学科目等都比晚清时期大幅增加。

（3）从教育管理看，女子职业教育逐步走向正规化，教育部明确规定女子职业学校参照各项职业学校规程办理；1922 年，在济南举办的全国职业学校联合会第一届年会提出了"女子职业学校学科设置标准"。

（4）从地域分布看，女子职业学校从东部沿海、中南地区逐步扩大到了内地多个省份；除西藏等少数地区外，各省均办有女子职业学校。

中华人民共和国的职业教育经历了曲折的发展历程，女子中等职业教育也不例外。中华人民共和国成立初期，国家推行男女同校的学校制度，至 1969 年全国所有女校改为男女合校。改革开放以来，各级政府及教育主管部门支持包括女子学校在内的中等职业教育发展，全国女子中专、女子职校、女子职高等中等职业学校一度将近 60 所，其中半数以上创办于 20 世纪 80 年代。归纳起来讲，现阶段我国女子中等职业教育主要有以下特点。❶

从地域分布看，女子中职学校主要分布在中南、东北、东部沿海省份的大中城市，仅有几所设在小城市。从办学规模看，女子中

---

❶ 张李玺 . 中国妇女教育发展报告 NO.2（女子院校发展研究）[M]. 北京：社会科学文献出版社，2012：31.

职学校一般在校生规模不大，超过 5000 人的比较少见。其中，进入国家重点中职学校行列的女子中职学校在校生规模相对更大。从办学体制看，女子中职学校以公办为主而且主要是各级妇联主办。其中，有些省属女子中职学校与省妇女干部学校一体化办学，实行"一套班子、两块牌子"的办学体制。由财政拨款的女子中职学校一般直属当地教育部门主管。

总体来讲，在中华人民共和国成立后的发展历程中，我国女子中职学校坚持以社会需求为导向，秉持职业教育定位，重视女生教育内涵，不断调整专业设置，优化培养模式，改善办学条件，提高办学质量，形成了鲜明的办学特色。有一批女子中职学校进入了国家或者地方的重点和示范学校行列，成为我国职业教育万花丛中的风景线。

从专业设置看，女子中职学校主动适应市场需要，按需动态调整专业设置，注重依托现有专业优势开设新专业。研究发现，女子中职学校专业设置多以服务类、艺术类为主，初次就业比较容易。设置频率最高的专业如下：旅游类的旅游服务与管理、旅游外语、导游服务、酒店服务与管理，教育类的学前教育，公共管理与服务类的文秘，信息技术类的计算机应用、计算机平面设计、动漫与游戏设计，医药卫生类的护理，财经商贸类的会计、会计电算化、商务外语，文化艺术类的各专业。例如，河北保定市女子职业中专学校围绕京津冀经济市场需求，开设了学前教育、会计电算化、航空服务（省级骨干专业）、电子商务、旅游服务与管理（省级特色专业）和美术设计与制作等专业，通过女性系列教育，涵养女生心性和优雅气质，打造精致职业教育品牌，招生和就业都红红火火。又如，贵阳市女子职业学校服务民族地区发展需要，以现代服务业类专业为龙头，开设了旅游、文化艺术、财经商贸三大专业群 15 个专业，着力培养"德高志远、行雅技精"的现代技能型人才。其中，国家级重点建设专业 4 个、省级示范专业 3 个、省级特色骨干专业 2 个、"1+X"试点专业 7 个、市级重点建设专业 4 个。❶

从教育层次看，女子中职学校注重"双证"教育（毕业证＋技能证）和"衔接"教育（中专＋大专＋本科）。例如，贵阳市女子职业学校与贵阳学院开展"3+4"中本贯通分段式培养，与贵阳幼儿师范高等专科学校开展五年制大专贯通培养，与贵阳职业技术学院等多所院校合作开展"3+3"中高职贯通培养，每年有千余名学生升入高等院校深造。又如，重庆市女子职业高级中学设置学前教育、护理美容、旅游商贸三个专业系列，开办学前教育、护理、美容、酒店、航空、会计等 17 个专业，教育层次涵盖"3+4"本科、五年制专科、三年制中专三个学历层次。

从人才培养看，女子中职学校遵循中职教育和女生教育规律，坚持就业导向、德技双修和"因性别施教"，既落实立德树人任务，又提升就业创业能力，彰显自身的课程和教学特色。各校围绕培养高素质劳动者和内外兼修的时代女性，精心设计培养方案、课程教学、实习实践、校园文化等全程环节。据网上初步检索，多数学校开设了礼仪、形体、舞蹈、琴筝器乐、化妆、女红、理财、插花、

---

❶ 贵阳女子职业学校 [EB/OL]. [2023-08-10]. http://www.bangboer.com.cn/zhongzhuan/s21048. html.

茶道、书法、绘画、音乐欣赏等必修或选修课程，力求使学生们走、站、坐、行端庄优美，具有良好生活趣味和艺术品位，体验从日常当家理财到处理"内政外交"的责任与乐趣，既增加了就业创业的资本，又使学生终身受益。例如，重庆市女子职业高级中学秉承"育中华之优秀女儿"的办学宗旨，以培养"现代和雅女性"为办学目标，构建"和雅"校园主题文化，走内涵发展之路，全面实施素质教育，形成了女性教育、艺术教育、生涯教育三大办学特色。

从德育工作看，女子中职学校既重视公德教育、职德教育，也重视私德教育和"四自"精神。一般来讲，女生比男生更有组织性、纪律性，因而女校德育与其他学校有别，注重女生的自我教育和管理。各校在强化文化知识与专业技能同时，根据"五育并举"要求和女生身心特点，实施有女校特色的德育，建设顺应女生天性的校园文化，将德育渗透到课堂教学、课外活动和社会实践之中。女子中职学校本着"一切为了学生"的理念，建立起既严格又人性的管理制度，多半采取封闭式或准军事化的管理。学校支持学生成立各种社团组织，营造积极、健康、活泼的校园文化氛围，努力与专业教学紧密结合起来，引导自我教育、自我管理、自我服务，锻炼学生多方面的能力，为学生成长成才打下良好的基础。

需要注意和说明的是，为落实党中央、国务院关于推动现代职业教育高质量发展的部署和要求，各省（区、市）不断深化职业教育改革，优化职业学校布局结构，加强市州对高中阶段学校的统筹管理，清理整合"空、小、散、弱"中等职业学校。在这种大背景下，有些中等职业学校升格为高职学院，有的被整合到其他职教、普教或成教机构，加上妇联举办的学校在改革中或剥离或升格，故全国女子中等职业教育学校呈数递减的趋势在所难免。2019—2023年全国中学和高等职业院校变化情况见表2-6。

表 2-6　2019—2023 年全国中等和高等职业院校变化情况

单位：所

年份	中等职业院校		高等职业院校	
	院校数量	比上年增减	院校数量	比上年增减
2019	10100	−151	1423	+5
2020	9865	−235	1468	+45
2021	7294	−179	1486	+18
2022	7201	−93	1489	+3
2023	7085	−116	1547	+58

备注：数据引自历年全国教育事业发展统计公报，这里的中等职业学校数均不包含人社部门管理的技工学校。

第三节　妇女干部学校

妇女干部学校是以提高妇女干部的思想政治素质、科学文化素质、专业素质为目标，有计划、有组织地开展妇联和妇女干部培训的继续教育机构。中华人民共和国的妇女干部学校大致经历了建立与发展（1949—1976 年）、重建与恢复（1977—1991 年）、辉煌与多样化（1992 年至今）等发展阶段。进入 21 世纪以来，妇女干部学校主动适应社会发展需要，深化办学模式和内部机制改革，呈现出新的多样化的办学格局。

自中华人民共和国成立以来，妇女干部学校坚持党的全面领导，坚持以教学为中心，改革培训模式，完善课程和教学内容，加强教学和学员管理，狠抓备课、授课、研讨、调研等环节，提高讲稿、讲课、研讨、教研等水平，保证了妇女干部培训质量。妇女干部学校坚持以学科建设推动科研创新，促进教学科研一体化，取得了一大批教学和研究成果，为不同历史时期妇女干部培训和人才培养作出了积极贡献。

例如，上海市妇女干部学校成立40年来，在上海市妇女联合会的领导下，秉承"开拓、进取、团结、务实"的精神，为宣传男女平等基本国策、提高妇女干部素质、促进妇女发展发挥了市妇女教育培训基地的作用。学校开展男女平等基本国策的教学教育、社会性别理论学科教研，为各级妇联执委及妇女代表、团体会员提供岗位培训，开展具有女性特色的继续教育，形成了"妇女与发展"系列讲座等品牌。上海市妇女干部学校充分发挥上海区位、优质教育资源和妇女工作经验等优势，为外省（区、市）妇联提供各种培训服务。学校是上海市政府外事办指定的外事开放单位，自1998年以来，相继接待美国前总统夫人希拉里、奥地利总统夫人等各国要员夫人，澳大利亚、比利时等多个国家地区的妇女代表团。学校先后获得全国"维护妇女儿童权益先进集体"、上海市"三八红旗集体"和"妇女发展实事奖"等荣誉。❶

又如，四川省妇女干部学校自创办以来，秉承"勤学、奋进、允德、育英"的校训，为全省妇联系统和各行各业培养了大量优秀女性人才。特别是党的十八大以来，学校坚持以习近平新时代中国特

---

❶ 上海市妇女干部学校 [EB/OL]. [2023-08-10]. http://www.shfngbxx.cn/?j=f2.

色社会主义思想为指导，发挥全省妇联系统干部培训基地功能，紧紧围绕省妇联工作中心，服务女性素质提升和促进妇女就业创业，学校做精妇联系统各类业务培训，做细女性素质提升定制培训，做强与全国知名高校联合办学，并探索构建了"一校一园一中心"双平台。❶近六年来，学校累计培训女干部 2.5 万余人。在师资队伍建设上，学校"向外借助名师，对内培育良师"，打造了较为完备的师资库；在课程体系建设上，学校"注重思想引领，突出妇联特色"加强教研教改，完善妇联业务分层分类培训课堂、家庭故事精品课堂、妇女儿童热点焦点课堂三类课程体系（见图 2-1）；在培训方式上，学校积极探索现场教学、直播课程等灵活多样的方式，取得了教学培训工作的新突破。

再如，内蒙古妇女干部学校围绕妇联工作方针、任务，坚持长短板结合和多层次、多渠道、多功能办学，开办了各种类型的培训班、学历班，以及面向社会的儿童启蒙班、职业技术班、后备女干部班等；开设了妇女理论、妇女运动史、妇女工作管理、妇女生理、妇女心理、婚姻家庭、领导学、妇女权益保障等十几门课程，并能够用蒙汉两种语言同时授课。至 2000 年，学校举办了不同类型的培训班 200 期，培训妇女干部 8120 余人，其中少数民族妇女干部 4000 余人，为内蒙古妇女干部培养作出了贡献。同时，该校还组织教师编写和编译蒙汉文字教材 7 套（其中公开出版 3 套）。❷

---

❶ 四川省妇女干部学校 [EB/OL]. [2023-02-22]. http://www.scfl.org.cn/website/third/tzgg/ 140012372.
❷ 湖南省妇女干部学校 [EB/OL]. [2022-12-11]. https://hnsfx.hlunet.cn/.

▶课程突出"妇"字特色，强化思想政治引领

形势与政策		妇女理论与妇联工作
习近平总书记系列重要讲话精神的解读	●	依法治国与先进的性别理论
党的十九大精神诠释	●	中国妇女（儿童）发展纲要解读
党建和党风廉政建设	●	社会管理创新与社会团体组织体系建设
新时期党务二作实务与创新	●	妇联组织与社会工作
国际国内形势热点分析	●	《中华人民共和国反家庭暴力法》解读
"十四五"规划与当前形势分析	●	婚姻家庭纠纷法律处置
全国妇女十二大精神解读	●	妇女维权实务和新媒体应用

▶课改三大板块

妇联业务分层分类培训课堂　　"家庭故事"精品课堂　　妇女儿童热点问题焦点课堂

图 2-1　四川省妇女干部学校"妇"字特色的课程设置

　　需说明的是，1953 年成立的湖南省妇女干部学校 1959 年并入省委党校，接受省委党校和省妇联双重领导，对内为省委党校妇女业务教研室，对外为湖南省妇联妇女干部学校；1960 年停办；1981 年复建后，继续保持与省委党校的隶属关系；2000 年更名为省委党校"妇女理论教研部"，对外称湖南省妇女干部学校；2003 年更名为湖南省委党校（湖南行政学院）妇女理论教研部，对外仍称湖南省妇女干部学校。❶这种模式可以称为"依托党校办妇干校"模式。

　　2020 年 6 月，安徽省妇女干部学校整体并入安徽省委党校（省行政学院），成立省委党校（省行政学院）"妇女理论教研部"。❷安

---

❶ 安徽省妇女干部学校 [EB/OL]. [2020-06-30]. http://www.ahwomen.org.cn/article.php?SId= 214.

❷ 学校举办第 27 期"清照讲堂"[EB/OL]. [2023-06-08]. https://www.sdwu.edu.cn/info/ 1062/21906.htm.

徽省妇联由过去直接领导省妇女干校转向对"妇女理论教研部"（省妇干校）进行业务指导。这种"依托党校办妇干校"模式，对于深化地方党政机构改革，加强党对干部培训工作的集中统一领导，完善党校（行政学院）学科体系和教学培训体系，提高地方妇联和妇女干部培训质量具有积极作用。

新时代新征程，各地妇女干部学校要坚持以习近平新时代中国特色社会主义思想为指导，传播马克思主义妇女观和男女平等基本国策，加强对妇女领域重大理论与现实问题的研究，打造妇女干部教育培训品牌，为培养更多堪当党的妇女事业发展重任的女干部，为以中国式现代化推进强国建设、民族复兴伟业作出新的更大贡献。

第三章　我国女子高校发展研究

　　办学特色是学校历史积淀形成的比较持久稳定的发展方式和被社会公认的、独特的、优良的办学特征，是外界认识一所学校的名片和符号，也是一所学校生存和发展的基础。女子高校要扎根中国大地办高等教育，在履行高校基本职能和服务妇女发展、家庭建设和妇联工作中体现自身独特价值。因此，我国女子高校要秉持"以特色求发展"的理念，以提高质量为主题，以内涵发展为主线，不断打造学科专业特色，彰显人才培养特色，强化校园文化特色，培育科研社会服务特色，更好地履行立德树人根本任务，成为高等教育百花园中的一道亮丽风景。

　　特色是事物所表现的独特的色彩、风格等。何谓大学办学特色？智者见智，仁者见仁。比较一致的看法是，大学办学特色是在历史过程中积淀而成并被社会认可的、体现此校区别于其他学校的个性特征甚至优势，是一所大学办学理念、发展方式、管理风格、教育模式、校园文化等优良特性的总和。一般说来，大学办学特色需要具有以下基本特征。[1]

　　（1）独特性。指一所大学在历史传统、教育理念、办学风格等

---

[1] 李泽彧. 关于大学办学特色的一点探讨 [J]. 辽宁教育研究，2002（1）：22-24.

方面明显有别于其他大学，与其他大学没有明显的区别就不能称为有特色，但区别本身并不等于有特色。

（2）稳定性。指大学办学特色非广告宣传和媒体炒作的产物，非一朝一夕"自贴"或"被贴"的标签，它必须具有相对稳定的特征，能经得起时间和历史的考验。

（3）社会性。指大学办学特色要以服务社会发展为宗旨，在与社会的长期互动中形成，它以为社会发展实际做出的并被社会广泛认同的贡献大小为评判标准。不被社会承认不能称为办学特色。

（4）发展性。指大学办学特色不只是过去的历史总结，也是未来的发展愿景，它需要与时俱进，随着时代的发展和外部环境的变化而不断丰富和发展。

办学特色是一所大学办学实力、教育品牌和社会声誉等综合呈现，不是主观贴上去的标签，不是自然而然形成的，也不是一蹴而就形成的，是日积月累和长期沉淀的结果。

第一节　女子高校办学特色

办学特色对于一所大学的意义不言而喻。办学特色是现代大学生存的策略，也是各国大学发展的源泉。[1]一旦离开它，一所大学就可能窒息而亡。办学特色是女子高校生存和发展的基础，"以特色求发展"是新时代女子高校最基本的战略。

---

[1] 朱振国. 大学，你的特色在哪里？[N]. 光明日报（教育版），2006-09-13.

一、女子高校办学特色的研究意义

女子高校是高等教育多样化发展的一种形式。我国女子高校主要由各级妇联组织创办或者妇联与其他组织联合创办，承担服务妇女发展、促进男女平等等特殊的教育使命。因此，在坚持和加强党的全面领导、遵循党的教育方针和高等教育规律前提下，走"以特色求发展"是我国女子高校的必由之路。

（一）"以特色求发展"是我国高等教育改革的客观要求

提高质量、办出特色是高等教育改革发展的永恒主题。《中华人民共和国第十四个五年规划和 2035 年远景目标纲要》提出：推进高等教育分类管理和高等学校综合改革，构建更加多元的高等教育体系；建立学科专业动态调整机制和特色发展引导机制，增强高校学科设置针对性。中共中央、国务院《深化新时代教育评价改革总体方案》强调：推进高校分类评价，引导不同类型高校科学定位，办出特色和水平。我国女子高校要强化特色发展意识，找准发展方向，加强办学特色建设，以特色求生存，以特色求发展，以特色取胜于人。

（二）"以特色求发展"是国际女子高等教育的共同经验

打造办学特色、促进男女平等是国际女子高校发展的共同追求。世界顶尖的大学不是每一个学科、每一个专业或者各个方面都居于一流，而是在某一方面或某几方面"出众"。国外知名女子高校的办学特色，或体现为培养具有男女平等意识、引领社会进步的女性人才，或体现在传播女性主义文化、促进社会性别主流化的科研成果，或体现在推动妇女解放、推进男女平等的社会实践，或表现为与众不同的办学理念和培养模式，或表现为卓尔不凡的学科专业优势和校园文化风貌等。例如，韩国梨花女子大学在韩国国内高校排名一直位居前十位，其法律、公共管理、性别研究等学科在国际上名列前茅，这就是其生存与立足的基石。[❶]

（三）"以特色求发展"是履行女子高校办学使命的根本保证

女子高校的创建和发展是一个国家妇女进步与发展的标志。我国女子高等教育始于近代外国传教士创办的教会学校，但是在相当长一段时期，女子高校发展缓慢，而且办学定位有偏差。自中华人民共和国成立以来特别是改革开放以来，由于党中央、国务院和各级地方党政重视妇女教育事业，迄今已建立起以培养高级应用型人才为主、独立设置和合作办学并举、全日制和业余教育相结合的多功能、多层次女子高等教育分支体系。为适应新时代党的妇女事业发展需要，培养更多各领域具有男女平等意识的女性人才，女子高校应深化改革、提高质量、增强特色。

二、女子高校办学特色的主要内涵

办学特色与一所大学的办学规模无关，与一所大学的学科齐全

---

❶ 周春燕.韩国梨花女子大学的女性教育及其对我国的启示[J].文教资料，2006（4）：37-38.

度也无正相关。截至 2024 年 7 月，除山东女子学院、湖南女子学院两所女子高校在校生规模超过 1 万人外，其他女子高校的规模相对较小，但这丝毫不影响女子高校特色的建设和彰显。新时代，我国女子高校应着力培育以下几方面特色。

（一）人才培养特色

专业设置、课程体系、课堂教学、实践育人、德育工作等都能体现女子高校的培养特色。要围绕培养新时代的独立女性、自强女性、智慧女性、高尚女性人才，把因材施教和因性别施教有机结合起来，培育女子高校的课程和教学特色。这就要求女子高校不断优化培养方案，加强各类课程立项建设，打造课程和课堂教学的特色，包括课堂注意运用社会性别分析方法，推进思政课程与课程思政协同育人。特别是要增加通识课程的供给量和选择自由度，满足女大学生个性化、多样化的发展需求。要努力塑造校园文化品牌，体现社会实践育人特色，涵养学生的"四自"精神和"淑雅贤良"等气质。山东女子学院的"清照讲堂"设置了优秀传统文化、红色经典文化、先进性别文化、女性生涯规划、社会与家庭五个模块，持续打造"清照讲堂""清照论坛"等学院品牌。❶

（二）学科专业特色

学科特色是高校办学特色的关键要素。一流的大学一定要有若

---

❶ 学校举办第 27 期 "清照讲堂" [EB/OL]. [2023-06-08]. https://www.sdwu.edu.cn/info/ 1062/21906.htm.

干个一流学科，世界上的一流大学也并不是所有学科都居世界一流，它们往往是在某些学科领域处于世界最前沿，形成特色，在优势学科领域为人类社会发展作出重要贡献，由此产生广泛的社会影响，从而提升和确立学校的国际地位和知名度。学科特色也是办学特色的集中体现。"学科是大学的基本元素，大学在国内外的学术声望主要取决于学科的发展水平。一流的大学首先是因为它有一流的学科，只有一流的学科才能吸引和培养一流的学者，才能出高水平的学术成果和科技成果，才能培养出高素质的人才，才能在国内外产生重要影响。因此，任何学校都要集中精力建设有自身比较优势的学科和特色学科。"❶

（三）科研和服务特色

女子高校的科研特色体现在，加强有组织的科研，围绕促进男女平等和家庭建设等重大理论和实践问题，开展多学科、跨学科研究，源源不断地产出高水准研究成果，推动妇女－性别相关学科建设，努力成为各级政府和妇联组织的智囊团和思想库，成为妇女教育、妇女－性别理论的前沿阵地和国内国际学术交流合作的平台。女子高校的社会服务特色体现在，师生经常深入农村、深入家庭、深入第一线，开展男女平等国策和妇女、家庭等领域的立法、释法、普法等社会实践。同时，好高校应采取多种形式吸引国内外女性名人、名家和社会名流来校讲学，为师生与卓越优秀女性近距离交流开辟畅通渠道。

---

❶ 朱振国 . 大学，你的特色在哪里？ [N] 光明日报（教育版），2006-09-13.

（四）学校文化特色

大学办学特色本质上是一所学校的文化特色。它通常表现为与众不同的校风、办学传统、办学理念、组织规范、社团文化、人际关系、校园环境等方面的特色。无论是物质、制度还是精神层面的校园文化，女子高校都应当体现"大学文化"和"女性（或性别）文化"的双重属性。❶ 要借助蕴含女校理念、传统、精神的多样化的校园文化平台，拓宽学生成长和成才的空间，培养其"自尊、自信、自立、自强"的品质和高雅气质；促进各界妇女相互交流、学习，扩大素养提升和事业发展的平台；推动不同国家、不同民族间妇女对话与交流，架设扩大共识、增进互信的桥梁。

三、女子高校办学特色的培育

办学特色需要有目的地培育，需要有重点地建设，需要有意识地提炼。女子高校要坚持以习近平新时代中国特色社会主义思想为指导，扎根中国大地办女子高等教育，以提高质量为主题，以内涵发展为主线，以改革创新为动力，在履行高校的基本职能和服务妇女发展、家庭建设和妇联工作中不断凝练和彰显。因此，需要在以下几方面发力。

一要加强战略管理。战略管理是复杂的高级管理活动，包括战略规划、战略实施、战略评估、战略保障等环节，涉及确立战略方向、确定战略重点、推进体制变革、加强队伍建设、培育学校文化

---

❶ 郭冬生. 女子高校领导的文化自觉 [J]. 中华女子学院学报，2012（5）：1-8.

等方面。女子高校领导要有战略思维和战略管理意识，重视自身发展研究，重视战略规划制定和实施，找准办学特色定位，对国际国内社会经济形势有准确的把握，对高等教育社会需求作出理性判断，对自身的主客观条件进行周密的分析，继承和发挥优良办学传统，将自身的办学优势发挥到极致。找准办学定位的过程是战略决策的过程，也是一所大学形成办学特色的起点。要设置规划办公室之类的专门战略管理机构，配备得力专职专业人员，不能依赖兼职人员做规划，不能制定了规划就万事大吉。必须由专门机构和专门人员牵头战略研究，督促规划落实，开展绩效评估，组织新一轮规划制定，这样才建立了一套行之有效的学校战略管理机制。

二要注重内涵建设。女子高校内涵建设有多种含义，最核心的是质量文化建设和质量保障体系建设。世界上特色鲜明的一流大学，除拥有一流的教师队伍之外，还表现为输出了大量优秀的毕业生。因此，女子高校要树立以提高质量为核心的发展观，强化质量意识，注重内涵发展，不断推进质量工程建设，探索有利于女生成才的教学、德育、管理模式，在培养大批具有"四自"精神和高雅气质的应用型女性人才的同时，着力培养一批推进男女平等、促进和谐发展的各行业女性精英人才。

三要提高教师队伍素质。女子高校一般规模不大，在教师队伍建设上可借鉴香港科技大学的成功经验。加大人才队伍建设投入，以学科建设为动力，以带头人和团队建设为重点，调整和优化教师队伍结构，完善人才选拔、引进、培养机制，汇集一批高水平的专家和学者，形成合理的学科梯队，快速提升学术竞争力。要建立教师外语培训的长效机制，拓宽教师的国际视野，大幅提高有国外（海外）留学一年以上经历的教师的比例。女子职业院校要完善教师定期实践制度，提高持有"两证"（专业技术资格证、职业资格证）教师的比例。

四要改善办学条件。办学经费短缺是当前我国女子高校普遍存在的难题，解决这个难题必须多措并举。一方面，政府和主管部门要巩固对女子高校的各种优惠政策，加大政策扶持或经费投入的力度，不断改善办学条件，给女子高校发展创造更好的条件和环境。另一方面，女子院校要强化以服务求支持、以贡献求发展的观念，克服"等、靠、要"思想，在积极争取政府和主管部门大力支持的同时，积极寻找市场和社会资源。例如，主动为政府、地方、社区和用人单位服务，争取承接更多的科研课题和服务项目，为学校获得更多的科研项目经费等。

五要营造良好的环境。女子高校必须加大宣传和推销的力度，形成正确的舆论导向，争取公众的广泛理解和支持。要让全社会增进对女子高校价值的认同，使人们至少形成两点共识：女子院校是一种特殊的文化环境——这里比男女混合高校更能唤醒女性的自觉，张扬女性的个性；女子高校是探索女生成长成才规律的试验田——这里按照女性身心发展规律实施针对性教育，更能造就职业与人生均衡发展的现代女性。相信通过政府、妇联、公众、新闻媒体和女子院校的共同努力，女子高校的发展环境将得到更有效的改善。

女子高校办学特色的形成，还需要科学的管理和评估机制加以引导。尤其要发挥政策指导和资源配置的作用，建立科学的高校分类体系，实行分类管理、分类评估，引导各级各类高校合理定位，在不同层次、不同领域办出各自的特色，形成各自的风格，推进我国尽快由高等教育大国迈向高等教育强国。

第二节 女子高校人才培养

培养特色鲜明的高素质女性人才是女子学校的立足之本、发展之基、动力之源。是否只招女生或者女生规模超过男生才是女子高校的培养特色？在 21 世纪初，我国女子高校一直坚守这条"清规戒律"。但是，21 世纪 10 年代以来，随着女子高校教学改革的深入和教育观念的开放，三所独立设置的女子本科高校都有部分专业招收男生。人才培养特色应该是女子高校着力追求的"底色"，它应该体现在学科布局、专业设置、课程建设、课堂教学、实践育人、思想教育、校园文化等方方面面。

在学科专业建设上，女子高校不能追求"大"和"全"，要坚持"有所为，有所不为"的原则，充分考虑社会需求、女生特点和学校实际，本着"人无我有、人有我优、人优我特"的原则，重点发展与人和人生有关的领域，开设有利于女生就业和成才的专业及其他高校没有的专业，努力形成学科专业优势，积极引导女生学习理工科等传统上以男性为主导的专业。要建立健全以社会发展需求、妇女发展需求和家庭建设需求为导向的专业设置和调整机制。

我国女子高校要以习近平新时代中国特色社会主义思想铸魂育

人，坚持"两个结合"❶，弘扬中华优秀传统文化，践行马克思主义妇女观，把党的教育方针和男女平等基本国策贯穿于立德树人的全过程、各方面，绝不能照搬西方个人主义和极端女权主义那一套。例如，中华女子学院着力培养具有家国情怀、男女平等意识、创新精神、国际视野、"四自"特质的德智体美劳全面发展的应用型人才，就是一个与时俱进、适合国情教育的培养目标定位。

在课程和教学上，要坚持因材施教与因性别施教相结合，积极培育女子高校的教学特色。女子高校应该开设马克思主义妇女观、妇女与家庭法律、妇女发展史、女性学、女性心理学、女性礼仪、形体训练、形象设计、保健护理、食品营养卫生、女子防身术、现代家政、性与性别教育、婚姻与家庭幸福等必修或选修课程，使学生具有独立女性、自强女性、智慧女性、卓越女性的基本素养。课堂教学要运用性别分析方法，倡导参与式、启发式教学，培养学生的"四自"精神和男女平等意识。在德育和实践环节，要倡导学生深入基层、深入农村、深入妇女群众，在现实的社会生活和家庭生活中，长知识、增才干、显担当。如此，方能提高教学质量，彰显培养特色。

第三节　女子高校科学研究

利用人才师资、学科专业、信息实验等资源开展科学研究、社会服务和学术合作交流，既是现代女子高校必须履行的社会职能，

---

❶ "两个结合"是指马克思主义基本原理同中国具体实际相结合，同中华优秀传统文化相结合。

也是培养造就优秀女性人才的内在需要。进入新时代以来，我国女子高校的科研、社会服务和交流合作越来越显示其活力。

坚持科研兴校战略，加强科研平台和团队建设，推进有组织科研。围绕贯彻男女平等基本国策、新时代妇女发展和家庭建设、马克思主义妇女理论中国化等重大问题，开展多学科、跨学科研究，参与妇女和儿童家庭等相关立法和政策制定，打造妇女和家庭领域研究特色和优势，主动为党和政府、妇联组织提供智力支持服务，积极传播社会主义先进性别文化。近年来，随着对科研重视程度的提高和投入加大，女子高校科研立项数量不断增多，科研成果质量逐渐提高，学术特色和品牌效应逐步显现。

2019年以来，中华女子学院获得8项国家社科基金项目、近30项省部级项目、70余项重要横向课题，出版各类专著、教材110余部，公开发表论文800余篇（其中核心期刊近160篇）。其中，《中国妇女教育发展报告》《新时代中国妇女发展报告》《中国媒介与女性发展报告》等妇女蓝皮书和性别研究丛书、马克思主义妇女理论中国化文献资源库等，在全国业界产生了较大影响。该校组建了"新时代中国特色社会主义妇女理论研究院""全球女性研究院""家庭建设研究院""中国妇女儿童权益保障研究院"等实体研究机构及30多家非实体研究机构。《中华女子学院学报》《山东女子学院学报》都被评为"全国高校优秀社科期刊"，在国内妇女/性别研究领域具有较高声誉。

"十三五"以来，山东女子学院承担国家自然科学基金、社科基金、教育科学规划、艺术基金等国家级课题24项，省部级课题224

项，获省部级科研奖 23 项，出版学术著作 121 部，授权国家专利 318 项。该校先后获批全国妇联和山东省妇联妇女/性别研究与培训基地、全国妇联和山东省妇联家庭教育实验研究基地、山东女性人力资源开发与管理研究基地等研究平台。❶

截至 2024 年 7 月，湖南女子学院拥有全国首批妇女/性别研究与培训基地、省公民礼仪素质研究基地、省湖湘女性文化研究基地、省高校哲社重点研究基地、"现代家政发展研究中心""湖湘礼乐文化素养培育与传播中心"等 10 多个省级及以上研究基地，1 个省级科研创新团队和 1 个省级"家政产业学院"，24 个校级研究机构（中心），建起了国内第一个女性教育发展史馆。❷

第四节　女子高校社会服务

社会服务主要指女子高校依靠知识、信息等智力资源直接为社会提供服务。除了向社会输送专门人才和高素质劳动者，女子高校服务社会的形式日趋多样，服务内容日益丰富，服务方式日益灵活。目前，女子高校主要集中在继续教育服务、决策咨询服务、科技推广服务、资源共享服务、社会志愿服务等。除教师个体到校外兼任顾问、创办公司和律师事务所等形式，越来越多的是以学校为单位与企业、地区开展全面合作，建立较为固定的产学研联合体，从而更好实现社会服务职能，优化人才培养模式。女子高校积极履行社

---

❶ 山东女子学院 [EB/OL]. [2024-07-01]. https://www.sdwu.edu.cn/xxgk/xxjj.htm.

❷ 湖南女子学院 [EB/OL]. [2024-07-01]. http://www.hnwu.edu.cn/html/781/.

会服务职能，拉近了学校与社会的距离，密切了学校与社会的联系，同时也为学校发展拓展了空间。

提供女校特色的继续教育服务。开办培训班是女子高校服务社会的基本形式。为落实全国妇联机构改革部署，2019 年年底，中华女子学院加挂"全国妇联干部培训学院"牌子，妇女干部培训成为其主业之一。五年来，该校举办各级妇联、妇女干部培训班 120 余期，培训人数两万余人，对象涵盖省、市（州）、区（县）、乡（镇）、村（社区）五级妇联组织，尤其以新疆、西藏等民族地区和全国妇联对口帮扶地区为重点。山东女子学院、湖南女子学院和广东、河北、河南等女子职业学院，也都保留省级妇女干部学校职能，承担本省妇联系统干部培训和妇女、儿童、家庭等专题社会性培训。山东女子学院与省妇联共办山东女子创业大学，先后培训学员 5 万余人，孵化创新创业项目 150 余项，有力支持了山东妇女创新创业和"巾帼乡村振兴"行动。

开展妇女和家庭类专业咨询服务。利用专业知识服务公众是高校服务社会的重要形式。女子高校定期组织师生深入农村、社区等基层，开展男女平等、反对家庭暴力、家庭教育等国策政策宣传，法律普及等志愿服务实践。同时，坚持开门办学，吸纳女科学家、女企业家、女政治家等社会名流来校讲学，联合各级妇联和妇女研究机构举办"女性发展论坛"，为师生与卓越女性人才近距离交流开辟畅通渠道。当然，女子高校社会服务的效度、精度有待进一步提升。

主动服务地方区域经济社会发展。山东女子学院组建现代乡村产业振兴协同创新服务、山东乡村巾帼电商创业专家服务、数字创意应用服务等9个专家团队，发挥学科专长，服务地方经济社会发展。同时，该校坚持主动服务黄河国家战略，获批省高校服务黄河流域生态保护和高质量发展协同创新中心，部分项目入选省高校服务黄河重大国家战略特色（三类）项目。该校组建传统女红师资团队，开展"黄河女红"文化研究，建设"女红"微专业，黄河女红工作坊入选首批"山东省高水平学生艺术团"。

第五节　女子高校合作交流

深化国内同行之间的合作交流，促进国际同行间的对话切磋，是女子高校拓展社会服务的重要方式，也是服务人类命运共同体建设的客观需要。

首先，加强国内女子高校之间的联系交流。这就必然提到中国女子高等院校联盟（CWUC，简称女校联盟）。该合作组织是2014年在全国妇联和教育部指导下，由中华女子学院、山东女子学院、湖南女子学院共同发起，由全国女子院校自愿加入的非法人、非营利性的联谊性合作交流平台。截至2023年12月，有中华女子学院、山东女子学院、湖南女子学院、南京师范大学金陵女子学院、汕头大学淑德书院、广东女子职业技术学院、河北女子职业技术学院、河南女子职业学院、西安培华学院女子学院、首都师范大学科德学院10余所成员高校。女校联盟设立理事会，理事由盟校主要领导组成，理事长由三所发起高校主要领导共同担任。女校联盟致力于共同探讨女子院校发展战略和女子高等教育规律，促进院校间学分互认和师生交流，联合举办学术会议、出版学术丛书、研究重大课题等。

其次，推进女子教育国际性合作交流。国内多所女子高校与国（境）外诸多高校和机构建立了合作关系，开展学分互换、学位互授、海外实习等交流合作，重视与"一带一路"共建国家的对口教育文化交流。交流包括通过国家留学基金或者中外合作项目等途径，促进教师出国（出境）访学研修、参加国际会议等，支持学生赴国外（海外）短期交流研学、攻读高一级学位或开展社会实践等。中华女子学院、山东女子学院等加入了世界女子教育联盟。据不完全统计，中华女子学院与20多个国家和地区的高校和研究机构建立了友好合作关系，近年来实现了与美国、日本、韩国等国家和地区女子高校互动交流，举办了联合国教科文组织"媒介与女性教席"论坛、全球女性发展论坛等国际性学术交流活动。湖南女子学院与美、澳、日、韩、俄等国家和地区的30余所高校或机构签订了友好合作协议。山东女子学院与50余所国家和地区的高校和机构建立了合作关系，并与这些女子高校共同发起成立在线"世界女子高校大学生跨文化交流活动"。

最后，开展援外短期培训和留学生教育。近年来，中华女子学院发挥直属全国妇联和首都区位等优势，立足服务国家总体外交和促进民间妇女交流，大力发展援外培训和留学生教育，取得了明显成效和积极效应。2016年以来，中华女子学院为100个发展中国家培训了1300名女官员，同时发展"女性领导力与社会发展"援外学历学位教育，培养知华友华高端女性人才。2019 年，联合国教科文组织女童和妇女教育特使彭丽媛教授曾专门会见该校留学生，并在多个国际场合提到该校女性教育国际硕士项目。2024 年，该校成为国家国际发展合作署在国内高校设立的首个"全球妇女发展合作交流培训基地"。近年来，中华女子学院先后接待了加蓬、布隆迪、肯尼亚等国总统夫人和外国女政治家等来访。

第四章　我国女子高校学科专业建设

学科和专业是高等教育的基本元素，是高校师生活动的主要领域。学科是相对独立的知识体系，是专业设置的基础；专业是课程的组织形式，是学科在育人上的应用。学科和专业特色是一所高校的符号和名片，也是其生存和发展的关键要素。学科和专业水平决定一所高校的办学水平，学科和专业特色决定一所高校的办学特色。新时代的女子高校必须把学科和专业建设放在重中之重，坚持"有所为、有所不为"，持续推进重点和优势学科建设，持续打造具有竞争力的特色专业，从而更好地支撑和彰显自身办学特色。

第一节　学科建设目的和意义

何谓学科？"学科"是一个舶来词，英语称"discipline"，译成中文有学科、学术领域、课程、规范、准则等多种含义。伯顿·K.克拉克认为：学科明显是一种联结化学家与化学家、心理学家与心理学家、历史学家与历史学家的专门化组织方式。它按学科，即通过知识领域实现专门化。《辞海》把学科视为"学术的分类"，指一

定科学领域或一门科学的分支。还有学者认为，"学科是相对独立的知识体系"。❶

由于对知识划分的目的和标准不同，知识划分的结果也不一样。同一个知识单位，在不同的划分体系中可能处于不同的层级，即属于不同级别的学科。但不论哪一种学科划分体系，它都具有两方面的作用：一是目录性的指导作用，规定了探索的范围和领域，成为人们认识和实践活动的对象；二是范型的作用，指导着人们的认识和实践，因为不同的学科有不同的学科组织、制度、传统和文化。

归纳起来，学科是以人才培养和科学研究为主要内容和活动形式，集知识传递和知识创造于一体的特定知识体系和组织系统。学科既是知识分类，又是组织系统。它是大学制度的基本单元，是大学功能的本源和制度变迁的根据。

学科建设是指学科主体（学校或科研机构等）根据社会发展的需要和学科发展的规律，采取措施和手段促进学科发展和学科水平提高的实践活动。简言之，学科建设就是主体根据自身实际建设或发展学科。正确理解学科建设，需要把握以下几个要点。

（1）学科发展既指学科的分化，又指学科的综合。

（2）学科主体是多元的，高校、科研院所、政府机构或民间组织都可能是学科主体。

（3）学科建设主体的目的不尽相同，政府主要是为社会服务，

---

❶ 伯顿·K.克拉克.高等教育系统——学术组织的跨国研究[M].王承旭，等译.杭州：杭州大学出版社，1994：34.

科研院所主要发展科学技术，高校学科建设的目的具有综合性，包括培养人才、发展科技、服务社会。

（4）学科水平的提高既指学科整体水平的提高，也指某一学科方向、领域或方面水平的提高。

高校是以学科为基础建构起来的学术组织机构，学科是高校行使教学、科研、社会服务职能的载体，是高校教师生存和发展的平台。学科水平是体现学校办学实力、办学水平、办学特色的主要标志。因此，学科建设对于一所高校而言至关重要。

学科建设是学校发展的关键。学科建设是大学的基础性建设。从世界高等教育发展历史来看，著名大学都是从学科建设开始形成优势和名望的。例如，美国在1999年大学评估中，加州理工学院排在第一，超过了哈佛大学和麻省理工学院，主要原因之一是它的实验物理和航空技术成为世界顶尖的学科。斯坦福大学在工程和物理科学、物理和空间学、医学和生物学、社会科学、人文科学和艺术等方面堪称世界一流。哈佛大学的基础学科很强，尤其在经济学、化学、生物物理学、数学等方面实力雄厚。这几所大学有一个共同特点：依靠这些主要学科带动和影响学校整个教学和科研，从而在社会上、教育界树立学校自身的形象，在科学领域占有自己的地位，在教育市场和人才市场创立了自己的牌子，赢得了声望和荣誉。

学科建设是实现办学目标的重要途径。学科建设是凸显办学特色的根本保证，是实现办学目标的重要途径。主动适应国家发展的需要，建立起结构优化、布局合理、富有特色的学科体系，是增强学校的办学实力，提高教育教学质量和科学研究水平，使学校的建设形成特色和优势的关键。为此，各高校应该在进行充分调查研究的基础上，依据现有实力、发展可能和市场前景等因素，确定本校的办学思路，更新观念，超越常规，走跳跃式学科发展道路。只有这样，才能抓住当前改革的有利时机，促进自身的发展。正如教育部原部长周济所说，学科水平是高等学校质量和水平的主要标志，建设一流大学的关键就是要建设一流的学科。❶一所学校要想真正成为具有鲜明特色的一流院校，必须从学科建设入手。

中共中央、国务院印发《深化新时代教育评价改革总体方案》指出，要推进高校分类评价，引导不同类型高校科学定位，办出特色和水平。《国家教育事业发展"十三五"规划》指出，坚持建设与改革并重，以学科为基础、以绩效为杠杆，统筹高校整体建设和学科建设，鼓励和支持不同类型的高水平大学和学科差别化发展。而早在《2003—2007年教育振兴行动计划》中，明确要求各级各类学校要准确定位，因地制宜地制定学校发展战略规划、学科和师资队伍建设规划、校园规划。

第二节　学科建设与专业建设的关系

高等教育学语境下的学科与专业，既存在密切联系，也有一定的区别。汉语的"专业"有多种理解，但主要有两种基本含义：一

---

❶ 周济在第二届中外大学校长论坛总结会上指出：高校不能盲目追求"大而全"[EB/OL].
（2004-08-11）[2023-06-22]. http://www.moe.gov.cn/jyb_xwfb/xw_zt/.

是指学业门类，二是指职业分类。《实用教育大词典》对专业的定义是，"高等学校或中等专业学校根据社会分工、经济和社会发展需要及学科的发展和分类状况而划分的学业门类。高等学校和中等专业学校设置的各种专业，体现各自不同的培养目标和规格，制定各自不同的教学计划和课程体系"。《辞海》将专业定义为"高等学校或中等专业学校根据社会分工需要而划分的学业门类"。❶

本书所讨论的"专业"是指高校根据社会分工、经济社会发展、学科发展和学科分类状况而进行的学业分类。本质上，它是高校课程的组织形式。课程的不同组合形成不同的专业。学科是高校专业设置的依托。有时一个学科就是一个专业，有时某个学科下设置若干专业，有时一个专业需要若干学科支撑，以培养复合型人才。高校学科与专业的区别表现在以下几个方面。

一是构成要素有所不同。一般认为，一门独立学科的形成需要以下几个要素：①研究的对象或研究的领域。这门学科具有独特的、不可替代的研究对象，具有特殊的规律。②理论体系。形成特有的概念、原理、命题和规律，构成严密的逻辑系统。③研究方法。专业的构成主要是由专业培养目标、课程体系和专业中的人构成的。培养目标对整个专业活动起导向和规范作用。专业建设很大程度上取决于对专业培养目标的定位与设计。课程体系直接影响专业建设与发展，即课程体系合理与否、质量高低、实施效果好坏等都直接影响专业人才培养质量的高低。

---

❶ 辞海编辑委员会 . 辞海（中）[M]. 上海：上海辞书出版社，1989：2947.

　　二是划分依据有所不同。学科划分遵循知识体系自身的逻辑。学科及其分支是相对稳定的知识体系，即使是在一些学科分化与综合的演化中形成的新交叉学科、边缘学科和综合性学科，也都有自身相对稳定的研究领域。专业是按照社会对不同领域和岗位的专门人才的需求设置的，处于学科体系与社会职业需求的交叉点。不同领域的专门人才需要什么样的知识结构，就组织相关的学科来满足。

　　三是追求目标有所不同。学科发展的核心是知识的发现和创新。一般情况下，学科以本学科研究的成果为目标，向社会提供科学型、技术型的科研成果。专业则以为社会培养各级各类专业人才为己任，主要目标是出人才。但是，大学的学科发展则是多方面的，同时兼顾两方面的目标。

　　高校的专业与学科是紧密联系的。学科是专业的基础，专业是学科的细胞，课程是学科和专业的基本元素。学科水平决定专业水平，学科特色决定专业特色。关于学科与专业的联系，需要把握以下几点。

　　（1）学科是专业的基础。18世纪后，自然科学从哲学中分化出来，本身又分化为不同的学科领域，以便分门别类地进行研究，出现了一系列学科门类，如力学、物理学、化学、天文学等。随着科学技术的不断发展，这些基础学科不断分化，相继出现二级、三级学科。与此同时，学科综合发展趋势日益明显，原有各学科间产生边缘学科、综合学科，如环境科学、空间科学、海洋科学、能源科学、材料科学等。这些都构成了现代大学专业的学科基础。

（2）专业是对学科的选择与组织。大学设置专业，既要考虑学科基础，又要适应社会用人的需要，确定具有一定专业适应范围、一定层次与规格的培养要求，再按专业培养要求，在系列学科门类中选择 1~3 个学科作为专业的主干学科。这是专业对学科选择与组织的第一层。

在确立主干学科后，专业的教学是通过教师及教学管理人员组织课程、学生按指导性计划选择学科课程来实现。在组织教学的过程中，教师要从学科知识中选择适应专业要求的学科知识，教学管理人员要遵照学科发展的规律，并结合学科的认识心理与规律，对学科进行选择并确定学科课程，编制主要课程结构、安排实践训练、确定授予学位的学科和相近专业等。这种对系列课程的多学科选择和组织，是专业对学科进行选择与组织的第二层。

（3）专业特色主要是学科与社会适应特色。社会适应特色主要由大学的外部来进行评价，归根结底是对专业的基础学科与主干学科的认可与否。专业特色实质上就是学科特色。一个学科的特色越强，以其作为主干学科的专业特色也就越强。同时，一个有特色的专业，其学科特色也一定很鲜明。当然，学科与专业的结合是通过课程的设置及课程内容的选择来体现的。

综上所述，学科建设是专业建设的基础。如果一所学校有一门相关的学科建设得好，那么办好相应的专业就具备了基本条件。学科是专业的支撑，学科建设是专业建设的基石。不能仅从教学角度规划学科建设发展，也不能以专业建设规划替代学校学科建设规划。

第三节　女子高校学科和专业建设

世界许多大学之所以成为一流大学，主要原因之一是拥有世界公认的、独具特色的一流学科。办学特色集中体现在某些学科领域形成独有的优势，并以此确立学校的地位和影响力，带动学校整体可持续发展。英国牛津大学、剑桥大学，美国哈佛大学、麻省理工学院，我国北大、清华等世界名校，并不是所有学科都居于世界一流，它们多是在优势学科领域作出了卓越贡献，产生了广泛的社会影响，从而提升和确立自身地位和知名度，进而不断扩大优势学科群和优势学科覆盖面。女子高校要坚持"有所为、有所不为"的发展战略，根据各校的优势确定重点学科，加大投入和激励力度，使之成为优势学科，形成办学特色的切入点。专业建设是女子高校建设和发展的核心内容。要找准上位学科定位，规范专业名称，确定合理规模，体现学科特色。

（1）找准上位学科。专业是对学科的选择与组织，只有找准了"家门"，才能科学制定培养方案，才能"入行""入道"，才能获得同行专家的认可。提倡女子高校学科和专业建设规划一体化设计，依据中长期学科发展目标，提出本科和研究生专业计划，使新老专业有学科支撑，既切合女子高校自身的校情，又适应国家战略和经济社会发展需求，而且具有前瞻性。

（2）规范专业名称。不管是目录内专业还是目录外专业，都有一个名称规范的问题。要参照教育部动态颁布的《高等学校本科专业目录》，科学确定专业名称。专业名称不要定得过细，培养口径不要过窄。本科教育改革主趋势是宽口径、厚基础、重视实践能力和创新精神，既强调就业能力，又注重未来职业转换和终身学习基础。专业定位过于狭窄，实际上不利于学生长远的发展。专业特色不一定非得通过专业名称来体现，培养方案才是最能体现专业方向、人才培养规格和培养特色的元素。

（3）动态调整专业设置。要根据女子高校中长期事业发展规划，编制好学科建设和专业发展的中长期规划，调整优化专业结构，使专业形成集群效应。按照《普通本科学校设置暂行规定》（教育部教发〔2006〕18号）精神，称为"大学"的高校，普通本科专业数要达到一定数目，而且要能相互支持。院系部要深入开展人才需求调查和预测，积极发展市场需求旺盛、有相应师资等条件、本校重点扶持学科下的专业，根据教育部动态公布的专业目录，及时合并、停办某些本科和研究生专业。

（4）确定适度招生规模。招生规模对一所高校、一个院系或专业的生均成本具有决定性的影响。投入大量人、财、物，引进整合一批教师，建起一个实验室和基地，设置一个新学院、新学系，办起一个新学科，新专业；如果新学科、新专业的规模过小，生均成本必然会升高，就很难取得最佳规模效益。为此，招生规模应该接近一个合理的临界值。按照《普通本科学校设置暂行规定》的规模标准，全日制在校生达到5000人以上方能称为"学院"，达到8000人以上并且研究生不低于全日制在校生5%、主要学科门类在校生占比15%方能称为"大学"。因此，女子高校要计算办学成本，要追求办学质量和效益相统一。

第五章　我国女子高校文化建设

　　文化是一所学校的"软实力"。学校领导对文化建设的认知和行动，决定该校文化建设的高度、宽度、厚度和改革发展的动力。女子高校领导文化自觉具有特殊性，他/她既要传承大学文化，又要引领女性文化。女子高校领导者要增强文化自觉，以凝练学校精神为重点，建设健康向上的精神文化；以完善内部治理为重点，建设科学规范的制度文化；以端正教风学风为重点，建设高雅文明的行为文化；以提升学校形象为重点，建设温馨和谐的环境文化；以打造数智校园为重点，建设开放互动的网络文化。校训是学校理想和精神的凝练，是学校历史和文化的浓缩。研究中外女子高校校训，是揭示女子高校文化基因的密码，打开女子高校文化之门的钥匙。我国女子高校要重视校训建设与实践。

　　何谓文化？文化是一个边界模糊因而较难确定的概念，学术界对此存有较大的分歧，但"文化是人类创造的物质财富和精神财富的总和""文化是人类的全部生活方式"等已成为基本共识。这种共识是从人类与一般动物、人类社会与自然界的本质区别，人类卓立于自然的独特的生存方式来理解的，此系指广义的文化（或称"大文化"）。如果排除人类社会历史生活中关于物质创造活动及其结果的部分，专注于精神创造活动及其结果，文化则仅指意识形态所创造的精神财富，包括宗教、信仰、风俗习惯、道德情操、学术思想、文学艺术、科学技术和各种制度等，此系指狭义的文化（或称"小文化"）。简单地讲，文化就是"人化"，它是指人们改造客观世界、协调人际关系、满足精神需求的社会生存和发展方式。如果说经济是社会的"形"，文化则是社会之"神"；如果将经济力看作"硬实力"，文化力则被看作"软实力"。

第一节　女子高校领导文化自觉

文化是一所学校的"软实力"，涵盖精神文化、制度文化、环境文化。按照层次划分，最外围的是物质文化，中间的是制度文化，最内层的是精神文化。学校领导对文化建设的认知水平和行动自觉，决定一所学校文化发展的宽度和厚度，决定一所学校文化发展的高度和持续发展的动力。增强女子高校领导文化自觉，是履行女子高校文化使命、推进女子高校文化建设的需要。

一、什么是文化自觉

"文化自觉"是费孝通先生晚年提出的一个概念。如今，文化自觉已成为一种文化观、一种富于深刻意涵的文化理论。费孝通先生在谈到全球化大势下的多元文化问题时说：生活在一定文化历史圈子中的人对自己的文化要有自知之明，这就叫"文化自觉"；而所谓"自知之明"是指明白自己文化的来历、形成过程、特色和发展趋向，即对自己所在的文化在历史进程中地位和作用有充分的认识和了解。❶可见，文化自觉是在文化实践、文化创造和文化反思中所体现出来的一种文化主体意识。文化自觉包含文化认同、文化比较、文化反思、文化创新等多层含义，具有理论性、历史性和实践性等基本特征。❷按照文化层次的"三分法"，文化自觉包括物质文化的自觉、制度文化的自觉和精神文化的自觉。

综合众多专家学者的观点，本书将"文化自觉"界定为人类在生存、发展过程中，对人类及其文化存在状态、现实使命、未来走向的自觉。文化自觉应当包括两方面内容：一是要对自身文化有自知之明（费孝通先生所讲的文化自觉）；二是要形成自觉人格（精神文化自觉的核心）。人格是文化的灵魂，文化自觉需要人格的自觉。故对自身文化有自知之明是文化自觉的前提，形成自觉人格是文化自觉的终极目的。

二、学校领导文化自觉的价值

有学者指出，学校领导的文化自觉具有文化寻根、文化凝聚、文化引领等价值。❸

---

❶ 费宗惠，张荣华. 费孝通论文化自觉 [M]. 呼和浩特：内蒙古人民出版社，2009：2.

❷ 文化自觉的概念界说与本质特征 [EB/OL].（2012-02-16）[2024-03-11]. http://www.mj.org.cn/zsjs/wsxy/201202/t20120215_134850.htm.

❸ 蒲大勇. 校长文化自觉：内涵、价值与表现 [EB/OL].（2011-06-22）[2024-05-03]. http://xxgk.zb.edu.sh.cn/3101082002/10-63.

文化寻根是指学校领导的文化自觉来自对学校办学传统的形成、延续的全面认识，是领导层在准确解读学校发展历史基础上，梳理学校沿革与发展中的文化脉络，分析和反思学校当前的价值取向，并通过自己的判断，选择适合本校的文化模式，解决学校文化建设中深层次的矛盾和影响学校健康发展的薄弱环节。

文化凝聚是指学校文化建设需要一个长期的、价值观不断重塑的过程。学校领导文化自觉的核心就是在这个过程中提炼符合本校发展并为师生认同的学校文化，思考并选择恰当的教育和管理行为。学校文化建设过程就是领导班子不断统一思想、确立发展思路、不断修正目标、完善体制机制、逐步凝练特色，从而积淀学校文化的过程。

文化引领指学校领导的主要任务是引导学校群体的行为和价值取向，扮演学校文化的塑造者和领导者角色。学校领导文化自觉的内在精神与驱动力对学校发展至关重要，其文化自觉的思想内涵决定学校文化建设的品位和质量。学校领导的文化自觉还蕴含着主要领导者的文化底蕴、人格魅力和价值取向等，它对形成学校的凝聚力、创造力、生命力和教育力具有促进作用。

一所学校拥有良好的文化元素，并不等于它就拥有良好的文化力；只有学校成员创造性地、有效地运用学校文化元素，使学校形成了良好的文化力之后，才能够促进学校文化品位的提升和战略目标的达成，真正使文化成为展示学校独特形象、凝聚学校成员心志、推动学校创新性发展的巨大能源。❶

---

❶ 俞国良 . 学校精神与学校文化力 [N]. 中国教育报，2008-05-06.

学校文化建设就是要脚踏实地地开展对学校文化的反思，围绕"培养什么样的人""以怎样的方式培养人"提炼学校核心价值观，确保学校文化建设真实地扎根于学校生活本身，确保新理念、制度体系、识别系统能够真正引导学校成员的教育实践。

三、女子高校领导文化自觉的意义

文化自觉是我们的存在之道。文化自觉的主体可以是一个国家、民族，也可以是一个政党、组织乃至个人。女子高校领导的文化自觉是指学校领导班子以文化促进学校发展的自知之明、自我觉醒和自我行动。它始于文化嬗变，反映在学校领导班子如何发展学校的理性认知上；成于文化创新，体现在学校领导班子发展学校的行动策略中。更具体地讲，女子高校领导的文化自觉主要体现在办学理念、发展规划、制度建构、课程设置、培养模式、管理方式和校园建设等多个方面。

女子高校领导的文化自觉不仅是书记、校长等人的教育理想，更是领导班子集体的行动智慧。学校领导班子是否具有文化自觉和自觉程度的高低，决定着一所学校文化发展的高度和持续发展的动力。因此，增强女子高校领导的文化自觉，对于履行女子高校的文化使命、推进女子高校的文化建设，具有十分重要的意义。

（1）增强女子高校领导文化自觉是建设社会主义文化强国的需要。高校是传播和发展先进文化的重要场所，文化性、学术性是高校的本质属性，传承和发展文化是高校的基本职能。建设社会主义文化强国，包括女子高校在内的各类高校责无旁贷。高校要做民族文化建设的脊梁，做时代文化建设的先锋。而只有增强学校领导层的文化自觉，才能更好地履行高校的社会职能，为提升国家文化的软实力、建设社会主义文化强国作出应有的贡献。

（2）增强女子高校领导文化自觉是培养优秀女性人才的需要。在高等教育的诸多功能中，培养人才是其首要的职能。高校必须坚持"以育人为本"，做到"文化育人"。文化育人就是"以文化人"，即把一定的文化转化为受教育者的素质，使之成为一个社会所需要的人。文化育人有"自发育人""自觉育人"两种。在全球化和多元文化背景下，落后文化、不良文化可能"自发育人"，甚至可能会先入为主，对先进文化、优秀文化的传播、认同、作用形成障碍。高校作为重要的文化和学术机构，首当其冲地成为文明冲突的先锋领地。各种文明以知识为载体在这里聚集、交汇和对话。这就给高校的"自觉育人"增加了难度。只有增强女子高校领导的文化自觉，才能自觉把社会主义核心价值体系融入高等教育全过程，自觉推进文化素质教育，培养出引领先进性别文化、促进妇女进步发展的高素质女性人才。

（3）增强女子高校的领导文化自觉是推进女子高校文化建设的需要。高校是具有独特文化品位的文化殿堂和学术高地，在推进文化大发展大繁荣的历史进程中，高校的文化引领责任重大。高校的文化引领作用，重在培养高素质文化人才和倡导先进文化，同时还必须弘扬大学精神，发展大学文化。把高校的办学优势转化为传播先进文化的优势，不断提升高校文化建设的质量与品位，不断增强师生对文化建设的认同感和关注度，是摆在全国高校面前的一项长期而艰巨的任务。女子高校在传播发展先进性别文化、促进妇女发展和男女平等方面，承载着独特的使命，发挥着独特的作用。加强女子高校的文化建设，打造办学特色，提升学校软实力，迫切需要增强学校领导班子的文化自觉。

四、女子高校领导文化自觉的特殊性

文化自觉是一个富于实践意象的概念，它有着具体的历史内容和时代价值指向，既强调各类人群对其所属文化及其他文化进行独立的精神探索和深刻反思，又充满着进行文化改造和创新的行动意志。大学的文化自觉既包含着对本民族传统文化和民族特色的重新解读，以及在此基础上所赋予的具有时代性的创新和扬弃；也包含着对其他民族文化的借鉴和批判，在东西方文化的对比研究和在全球化的语境中思考民族传统文化的发展。女子高校的文化自觉概莫能外。

女子高校领导的文化自觉主要体现在办学思想观念和行为方式的主动选择上，体现在办学理念、发展规划、制度设计、课程设置、培养模式、管理方式、校园文化建设等要素之中。但是，相对于占主流的男女合校，女子高校领导的文化自觉还有其特定的指向。女子高校的领导必须立足于自身的办学定位，努力寻求大学文化与女性文化（或性别文化）的有机融合。

（一）传承大学文化

大学文化是主要由大学成员参与并对所有大学成员（尤其是学

生）具有现实和潜在影响的特殊文化，是对社会文化进行反复选择、吸收并融入大学自身意志和个性的文化结构。大学文化的价值就在于把具有强制性的教育外化为虽带有教育意图但以学生自我教育的形式完成的大学环境。它是一种以文化的形态或潜性课程参与教育全过程的非强制性教育手段，通过教育环境的营造，以一种不知不觉的、潜移默化的、润物无声的情感陶冶、思想感化、价值认同、行为养成的方式实现教育目的并影响教育。❶

　　大学精神是大学文化的核心，自由、真理、正义、关怀是大学精神的精髓。❷大学精神首先是一种自由精神。如果大学师生因为不合理的学术体制或学术潜规则而放弃或弱化自己的求真意志，那么就丧失了精神的独立和自由。大学精神的第二个支点是真理。真理在自由之路上被生成，自由在真理之路上被见证，真理只呈现给支撑真理发现的求真人格和塑造求真人格的合理的社会规则。大学精神的第三个支点是正义。大学理应是各种信念、知识、真理的冲突或交融的场所，实际上也是以知识生产或真理发现为目的的资源分配及分配冲突的场所。大学必须有清晰的资源分配的正义原则。大学精神的第四个支点是人文关怀。基于自由、真理、正义去关怀学生的成长，关怀教师和管理者的成长，关怀大学精神本身的成长，是大学精神内在的自我要求。女子高校文化必须体现自由、真理、正义、关怀等大学文化精神要素。

---

❶ 睦依凡.关于大学文化建设的理性思考 [J].清华大学教育研究，2004（1）：11-17.

❷ 刘莘.如何理解文化自觉与大学精神 [EB/OL].（2011-12-27）[2024-03-08]. http://drc.scu.edu.cn/news/new-493.html.

（二）引领女性文化

女子高校是以女性为全部或主要教育对象的高等教育机构，为女性提供更多的发展领袖才能的机会是女子高校设置的初衷，培养独立、自信、优雅、专业的女性人才是其基本目标。调查研究表明，女子高校女性之间相处的行为方式与男女合校存在很大差异。她们更加放松，更自然地表达自己，在能力的培养方面有更多的机会，因而更加独立和自信。换句话讲，单一性别的女子高校这种文化环境似乎更有利于女大学生的成长。这里以性别分析作为其文化自觉的基础，克服传统的性别偏见和性别定型，注重性别敏感与性别关怀，努力建构先进的性别文化理念与认知，使女性的个性得到了极大的张扬，使女性文化得到了较好的发展。这是女子高校领导文化自觉的结果。

文化自觉要求女子高校领导形成反思办学观念和行为的习惯。任何一种高级文化都必须认识到自身在内容或表达上的局限性或否定性。如果认识不到或不肯承认文化自身的否定性，就极有可能打着"文化自觉"的旗号而与文化自觉背道而驰。例如，女子高校在批判传统性别文化、传播西方女性主义理论的同时，对中国传统文化中尊重母性、重视妇女在家庭中的作用等是否给予了应有的重视？在课程设置上，女子高校对女生如何面对未来的妻子、母亲、儿媳等角色是否给予了足够的关注？女子高校领导只有增强文化自觉，常常反思女性文化和本校文化的局限性，才能在多元文化背景下确立女子高校的文化位置与发展取向，正确处理女性文化与男性文化、大学文化与女校文化、东方文化与西方文化等之间的关系，从而担当起传播与发展先进性别文化的重任。

五、践行女子高校领导文化自觉

学校文化建设就是要努力让学校成为有文化气息的地方。从个人角度看，高校领导增强文化自觉的过程就是不断提升文化修养、不断超越自己的过程。从学校角度看，高校领导增强文化自觉的过程是不断促进师生发展、不断推进学校发展的过程。办学特色本质上就是高校的文化特色。女子高校领导文化自觉的关键是牢记文化使命，弘扬大学精神，完善管理制度，深化课程改革，凝练校园文化，提升学校文化力。为此，女子高校领导要在精神文化、制度文化、环境文化等建设方面下功夫。

（一）建设女子高校精神文化

大学精神是大学在长期办学实践中形成的办学理念和师生共同的价值追求。弘扬大学精神，必须以社会主义核心价值体系为引领，这是我国大学精神文化建设的基点。要以社会主义核心价值体系为指导，在发扬学校优良传统、传承民族辉煌文明、发展先进性别文化中，进一步凝练女子高校精神，构筑女子高校的精神文化，创造自己的心灵家园。

大学精神文化的建构主要通过大学的使命、校训和校风等文化要素形成而起作用。大学使命（vision 或 mission）是大学组织自身对必须承担的社会责任的一种认定，也是人们对大学组织应有价值的一种判断和要求。大学使命有时以大学的宗旨、目的和理想来呈现。世界名校之所以有卓尔不群的学术成就，就在于他们始终坚持探求真理和学问。剑桥大学经久不衰的原因是它从未放弃自己"通过追求国际最高水准的教育、学习与研究，从而对社会作出贡献"和"思想和表达的自由、避免歧视"的文化使命。我国女子高校的共同使命是为妇女发展进步服务，为传播发展先进性别文化服务，但是，基于各校历史传统和办学定位的不同，女子高校的办学使命也应当呈现一定的差异。

校训（motto）是学校针对师生言行的抽象规范，是形成巩固优良校风的重要手段，也是学校历史和文化的缩影。好的大学校训一经师生共同接受并加以自觉传承，就会演变为代表大学整体价值追求的主体精神，成为大学持久传承的精神财富和文化传统。例如，哈佛大学的"与亚里士多德为友，与柏拉图为友，与真理为友"，清华大学的"自强不息，厚德载物"等校训，都很好地反映了各自的精神向往和价值追求。

（二）建设女子高校制度文化

大学的文化是制度化文化和非制度化文化的复合体。制度文化是使大学教育得以顺利进行的基本保证。经学校意志选择的制度化文化，具有鲜明的规范性、组织性，属于大学校园内必须强制执行和严格遵从的文化类型（如培养目标、教学制度、校规校纪等）。哈佛大学就是教学制度文化造就的世界名校。自 1860 年以来，哈佛大学的七任校长都从未停止过教学制度的改革。牛津大学、剑桥大学亦然，都是学院制度和导师制度的成功结果。

制度文化虽具有强制性，但其一经校园主体认同并内心接受，就会成为师生自觉遵从和维护的无须强制便能产生教育影响的精神要求。为了培养学生诚信的生活态度，弗吉尼亚大学从其创校之父杰弗逊起就建立了荣誉制度。荣誉体系的执法者由学生自己担任。凡违反学校荣誉的学生，荣誉法庭决不留情，不论其背景如何，在规定的时间内必须离校。凡学生上交的作业、论文及试卷，都必须在首页写下如下的誓言："On my honor as a student I have neither given nor received any help for this assignment/test."❶ 在这种制度环境下生活，天长日久，学生便能深深体会到大家都恪守信用、彼此诚信带来的愉悦和自尊。这种鞭策和警醒学生的宣誓制度所表达的教育思想、价值理念逐渐为历届学生内心接受，进而成为无须强制就能在学生中代代传承并以非制度文化形式发生作用的学校制度文化传统。

《中国教育现代化2035》强调坚持依法治教、依法办学、依法治校，完善学校治理结构。继续加强高等学校章程建设，创新章程实施保障机制，切实发挥章程在学校治理中的关键作用。完善现代职业学校制度，建立学校、行业、企业等共同参与的学校理事会或董事会。坚持和完善公办普通高等学校党委领导下的校长负责制。完善高等学校法律顾问、理事会、教职工代表大会、学生代表大会、

---

❶ 马俏. 以我的荣誉发誓 [J]. 读者，2003（21）：59-60.

学术委员会等制度，扩大院系自主权，推动行政职员化、后勤社会化发展。这就要求女子高校必须把制度文化建设摆在更加突出的位置，坚持以人为本和依法治校相结合，加强章程建设与实施，完善内部治理结构，积极探索教授治学和民主管理的有效途径，保证学校重大决策的科学性和有效性，营造宽容、宽厚、宽松的学术氛围，形成体现大学精神、符合女子高校校情的制度文化。

（三）建设女子高校环境文化

环境文化直观地反映了一所大学的传统、特色和追求。大学校园不仅是莘莘学子求知上进、健全人格的场所，更是陶冶情操、净化心灵的圣地。富有历史文化特色的校园环境、人文景观、教育设施是大学文化的重要载体。人们都有这样的体会：步入著名学府，总能感到校园里有一种奔涌的、富有生命的东西在撞击人的心灵，它使人感动、兴奋、激越、升腾，这种东西不是其他，而是大学特有的无形之精神文化和有形之物理环境文化的复合体。忽视环境文化对人产生的教育影响和精神陶冶作用是愚蠢的。❶走进斯坦福大学，清一色土黄石墙、土红屋顶、拱廊相接、棕榈成荫、风情别具，给人恬静典雅、美丽如画的精神享受，让人流连忘返。置身于这样的大学环境，学生们岂能不爱上自己的大学并视其为自己的精神家园？

大学是历史积淀的产物，没有历史底蕴的大学很难说是有文化

---

❶ 睦依凡.关于大学文化建设的理性思考 [J].清华大学教育研究，2004（1）：11-17.

底蕴的大学。历史文物是大学发展的见证者，是不可多得的大学遗产，是大学最可珍惜的最富有教育力量和影响的环境文化。因而，必须重视对历史文化建筑的保护。目前，我国几所独立设置的女子高校都是通过改制或升格而成的新学校。建设一个环境优美、布局合理、功能齐备、个性鲜明的现代化新校园，几乎成为女子高校的共同目标和任务。但要注意，无论软环境还是硬环境的建设，一定要以"育人"为根本目标，不能本末倒置。女子高校环境文化建设应着重做好以下几方面工作。

一是加强视觉形象识别系统建设。学校视觉形象识别系统是塑造学校良好形象、提升学校正面影响力的重要措施。女子高校要重视视觉形象识别系统建设，将学校的理念、精神追求融入视觉符号，体现学校形象的个性化。

二是加强校园人文景观建设。要做好人文景点的设计与建设，充实校园规划和建设的人文内涵，整合使用功能、审美功能和教育功能，以优美的校园景观陶冶师生情操。此外，还要加强校史研究，搞好校史馆、档案馆等建设，激发广大师生知校、爱校、荣校、建校的热情。

三是加强校园文化设施建设。要不断完善教学和生活设施，优化师生的学习和工作环境，努力使学校建筑对学生的教育成长起到积极的影响，使学校的每一块砖头都能给人真善美的熏陶，使每一面墙壁都像"帕夫雷什中学"的墙壁那样会说话。

四是抓好校园综合治理。要加强女子高校的安全保卫工作，建立安全、稳定、和谐的良好秩序。积极配合社会相关部门，做好学校周边的安全防范和综合治理工作，维护学校正常的教学、工作、生活秩序。

综上所述，推进学校文化建设是女子高校领导文化自觉的行动和实践。女子高校领导者必须注意精神文化、制度文化、环境文化三者的有机结合，努力实现以文化人、文化育人的最终目标。同时，必须注意大学文化与女性（性别）文化的有机融合，不断彰显女子高校的文化特色。

第二节　女子高校校园文化建设

一所大学文化的特色通常表现为其与众不同的校风校训、制度规范、学术氛围、课外活动、校园建筑和人文景观等，这些可以统称为大学校园文化。一流的女子高校必须有一流的校园文化。加强校园文化建设是提高人才培养质量的重要途径，也是提升女子高校办学水平的内在要求。从构成来讲，校园文化包括物质、制度和精神三个层次。无论是物质、制度还是精神层面的校园文化，女子高校必须体现"大学文化"和"女性文化（性别文化）"的双重属性，通过多种形式的、蕴含女校精神和理念的校园文化，培养学生"自尊、自信、自立、自强"素质，扩大成长和成才的空间；促进各界妇女相互交流、学习，拓宽素养提升和事业发展的平台；推动中外妇女对话与交流，架设不同国家、民族间增进共识和互信的桥梁，成为培养精英女性的摇篮和卓越女性的精神家园。

一、校园文化建设内容

要坚持以马克思列宁主义、毛泽东思想、邓小平理论、"三个代表"重要思想、科学发展观、习近平新时代中国特色社会主义思想为指导，落实立德树人根本任务，全面贯彻党的教育方针，弘扬社会主义核心价值观，增强文化自觉和文化自信，传承中华优秀传统文化，建设体现时代特征和学校个性的校园文化，为培养优秀女性人才提供思想保障和精神动力，为建设一流女子高校营造心理基础和舆论氛围。要弘扬光荣传统，彰显大学精神，凝练办学特色，坚持精神文化、制度文化、行为文化和环境文化一手抓。

（一）以凝练学校精神为重点，建设健康向上的精神文化

例如，经过 75 年的历史积淀和几代人的艰苦探索，中华女子学院凝练出了"崇德、至爱、博学、尚美"校训和"自强不息、锲而不舍、不断创新、不断爬坡"等宝贵精神。应当组织全校师生开展大学习、大讨论活动，弘扬传承中华优秀传统文化，赓续红色基因，传播社会主义先进性别文化，进一步凝练女院精神，界定校训、校风的基本内涵，赋予这些文化血脉以崭新的时代特征，以特色鲜明、富有底蕴的大学精神熏陶、凝聚女院人，构筑全校师生员工的心灵家园。

（二）以完善内部治理为重点，建设科学规范的制度文化

坚持依法治校、依章程办学，推进学校治理体系和治理能力现

代化，不断完善内部管理体制机制，形成体现大学精神、符合女院校情的制度文化。宣传贯彻落实学校章程，坚持和完善党委领导下的校长负责制，进一步完善党委领导、校长负责、教授治学、民主管理的内部治理结构，不断修订完善各项规章制度，加大制度的执行力度。不断完善教职工代表大会、学生代表大会的工作机制，充分发挥教职工在学校民主管理、民主监督和民主决策中的重要作用，充分发挥学校理事会、学术委员会等机构的作用，推进校务公开和学术民主管理，建立决策科学、执行有力、信息畅通、运行高效的科学规范的制度文化。

（三）以端正校风学风为重点，建设高雅文明的行为文化

加强师德师风建设，端正校风学风，倡导教师爱国守法、敬业爱生、教书育人、为人师表，恪守学术道德，坚守学术诚信，严谨治学，服务社会，做为学、为事、为人的"大先生"，以学识魅力和人格魅力引领学生健康成长。深化人才培养模式改革，培养学生创新精神和创业意识；注重实践育人，增强学生实践能力。倡导全体学生坚定理想信念，坚定必胜信心，立大志、明大德、成大才、担大任，努力成为堪当中华民族伟大复兴重任的时代新人。积极开展青年志愿者行动等学雷锋公益活动，结合重大节日、纪念日开展丰富多样的校园文化活动，办好女院论坛、大使论坛、女企业家论坛等，创建具有女子高校特色的校园文化活动品牌，进一步丰富师生的校园文化生活。

（四）以提升学校形象为重点，建设温馨和谐的环境文化

加强学校软硬环境建设，物化、实化女校特色文化，做好校园人文景点设计，有机融合使用功能、审美功能和教育功能，逐步建成温馨和谐的环境文化。抓好校史馆建设，使其成为爱校教育和宣传展示学校形象的重要窗口。加强视觉形象识别系统建设，赋予其鲜明的特色和丰富的内涵。组织师生广泛参与校园楼宇、道路、景点的建设、命名及管理，增强师生对校园文化的认同感和责任感。加强学校综合治理，做好安全稳定工作，建设平安、温馨、和谐的校园环境文化。例如，山东女子学院倾力打造"天道酬勤""凤栖园""丹枫园""南大门广场"及王府西路月季花带、唐槐树下绿地、龟山花海片区等十多处特色景观，为校园花草树木佩戴上"身份识别证"，为校园鸟类编写识别图册，绿化亮化美化的校园环境令人心旷神怡。

（五）以打造数智校园为重点，建设开放互动的网络文化

高度重视学校网络建设，加快数字化校园建设步伐，建立开放互动的网络文化。整合、优化学校现有的技术资源，不断完善网络平台，丰富网络内容。加强网上思想舆论阵地建设，掌握网上舆论主导权，用习近平新时代中国特色社会主义思想凝心铸魂。积极开展网络教育活动，加强师生互动，引导师生树立正确的网络观，营造积极向上的网络舆论氛围。增强网络安全意识和网络服务意识，以优质高效的网络服务推动校园网络文化建设。

二、校园文化建设保障机制

（一）加强校园文化建设组织领导

推动校园文化建设是全校师生员工的共同责任。女子高校领导班子要统揽全局、科学决策，定期研究校园文化建设工作，明确各部门在校园文化建设中的职责任务，充分发挥党团学组织、教授群体、学术团体和学生社团在校园文化建设中的重要作用，调动师生员工参与校园文化建设的积极性，建立健全党委统一领导、党政齐抓共管、各职能部门和院系部门各司其职、广大师生员工广泛参与的全员工作体系，形成以学校文化建设凝聚力量、推动发展的强大合力。

（二）加大校园文化建设投入

要将校园文化建设纳入学校事业发展的总体规划中，精心部署、有序推进。不断完善校园文化建设的政策和措施，加大人力、财力、物力等方面的投入，消除校园文化建设过程中的障碍因素，以确保各项工作顺利开展。鼓励开展校园文化建设专题研究，增加其在学校科研规划课题中的分量，积极探索新形势下加强和改进校园文化建设的新思路、新举措。

（三）完善校园文化建设机制

女子高校吸引社会上文化艺术领域的专家、学者，积极参与校园文化建设的规划、设计，共同打造学校文化品牌。开展多渠道、多形式、多层次的国内国际大学之间的文化交流，学习借鉴兄弟大学的先进经验。发挥师资、科研等优势，积极参与社区文化建设，促进学校文化与社会文化互动和融合，增强女子高校文化的辐射力、感召力和影响力。

（四）营造良好校园文化建设氛围

要重视做好女子高校对外宣传工作，充分利用校内外多种媒体，大力宣传学校文化建设的成果及典型人物、先进事迹，营造校园文化建设的良好舆论氛围。争取所在地政府部门和社区的支持，营造校内和谐、校社和谐的环境氛围，提高学校的知名度、美誉度和影响力。

第三节　中外女子高校校训比较

校训是学校理想和精神的凝练，是学校历史和文化的浓缩。研究中外女子高校校训，是揭示女子高校文化基因的密码，是打开女子高校文化大门的钥匙。

一、校训的内涵和功能

（一）校训的内涵

"校训"的关键在"训"字上。中文的"训"有教导、教诲、法则等含义。与中文"训"对应的英文词是"motto"，《牛津高阶英汉双解词典》（第四版）给的解释："short sentence or phrase chosen and used as a guide or rule of behavior or as an expression of aims or ideals of a family, an institution, etc."将其译成中文就是箴言、格言、座右铭之意。

校训最初指学校对学生在德育和学风方面的要求。《辞海》的解释："学校为训育上之便利，选若干德目制成匾额，悬至校中公见之地，是为校训，其目的在使个人随时注意而实践之。"

随着教育的发展和社会的变迁，校训的内涵和外延不断变化。《现代汉语词典》对"校训"的解释："学校规定的对师生有指导意义的词语。"顾明远主编的《教育大辞典》对校训的释义："学校为树立优良校风而制定的要求师生共同遵守的准则。"于是，校训的作用对象由学生群体扩展到了教师群体，成为学校对教师在师德和治学方面的要求，指导学校的办学方向和师生的行为。校训还整体或部分反映一所学校的办学方向、教育理念、文化传统等。

至此，可以得出这样几点认识：校训是学校针对师生制定的具有指导意义的抽象规范，是形成和巩固优良学风、教风、校风的重要手段；在一定程度上，校训还是学校办学传统、办学理念、校园文化的高度概括，是学校办学方向、培养目标、办学特色的集中反映。简言之，校训是学校理想和精神的凝练，是学校历史和文化的浓缩。

校训是大学文化的积淀和提炼，也是社会和时代发展的产物，稳定性、时代性是大学校训既矛盾又统一的特点。例如，清华大学在建校之初受西方思想的影响，同时继承发扬我国文化传统，形成了"自强不息，厚德载物"的校训。这个校训从建校至今，伴随着一代代清华学子的成长、成才，仍然熠熠生辉。

导向性是大学校训的鲜明特征。校训集中体现一所大学的办学理念和价值追求，影响着学校的办学方向、教育实践、文化建设。例如，北京大学的"爱国、进步、民主、科学"，清华大学的"自强不息、厚德载物"，中山大学的"博学、审问、慎思、明辨、笃行"，南京大学的"诚朴雄伟、励学敦行"，南京师范大学的"正德厚生、笃学敏行"等，无不体现出鲜明的价值导向和人格追求。

个性化是大学校训的基本特点。校训的内容通常与学校的历史传统、办学定位、培养目标等密切相关，因而校训常常表现个性化特点。例如，北京师范大学"学为人师、行为世范"，凸显了教师教育传统；北京舞蹈学院的"文舞相融、德艺双馨"，突出了艺术教育特点；中国政法大学的"厚德、明法、格物、致公"，彰显了法学教育个性；北京林业大学"养青松正气、法竹梅风骨"，寄寓了林业院校的追求；南京陆军指挥学院校训"以正治校、以奇谋兵"，体现了军事教育宗旨。

（二）校训的功能

校训是学校的一种精神财富，对内能凝聚人心，对外能彰显学校个性。高校承载着培养高层次人才、传播和创造知识、服务和引领社会等多种功能。作为办学理念和学校文化的集中体现，大学校训至少有三个功能。

第一，校训蕴含的教育理念激励师生成长。例如，南开大学以

"允公允能、日新月异"为校训,要求学生心忧天下,培养报效国家的本领,为国家和社会进步而努力。周恩来曾就读于南开大学文科,深受"允公允能"校训的熏陶,他很快投身于中国革命运动中,为新中国的建立和发展作出了不朽贡献。

第二,校训蕴含的基本精神影响社会发展。例如,1978 年 5 月 11 日《光明日报》发表《实践是检验真理的唯一标准》,掀开了全国性的关于真理标准大讨论的序幕,推动了全党和全国人民的思想大解放。这篇文章的主要撰稿人——时任南京大学哲学系副主任的胡福明,所遵从的"求真务实"精神,与南京大学"诚朴雄伟、励学敦行"的校训、校风不无关系。

第三,校训代表的人格力量影响国民性格养成。比如,清华大学的"自强不息、厚德载物",对外经济贸易大学的"博学、诚信、求索、笃行",北京林业大学的"养青松正气、法竹梅风骨",苏州大学的"养天地正气、法古今完人"等,都提倡培养崇高的精神和高尚的人格。学生毕业后融入社会、教师投身社会实践,会无形地把这种精神传递给其他人,影响着国民性格的培养和生成。

二、中外女子高校校训分析

美、澳等西方国家的女子高校,明显受到女权主义影响,在校训上表现出追求男女平等的色彩。日、韩等亚洲国家的女子高校,注重培养女生的独立人格,在校训上体现出"扬女性之长"的东方特点。就校训而言,我国女子高校很少带有女权(或女性)主义色

彩，更多地受到国家教育方针及儒家思想文化的影响，显现中国化、东方性等特点。❶

（一）五所美国女子院校校训

从笔者初步探索的美国几所女子高校（含综合大学内设女子学院）校训来看，美国女子高校更重视学生的批判精神，强调女性独立人格，希望造就杰出女性，去改变现实世界，形成"巾帼不让须眉"的社会效应。

（1）美国威尔斯利学院（Wellesley College，又译韦尔兹利学院）。威尔斯利学院的校训是"治人必先治于人"（Not to be ministered unto，but to minister），旨在造就杰出女性，使她们能够改变现实世界。事实证明，其校训在学生身上发挥了功效。例如，三位女国务卿中的两位（奥尔布赖特和希拉里）就是从这里毕业的。

（2）美国塞勒姆学院（Salem College）。塞勒姆学院是美国历史最悠久的女子学院，其校训是"聪明女人，明智选择"（Smart women，wise choices），强调"因性别施教"，培养学生的理智、创造性和足智多谋。

（3）美国密尔斯学院（Mills College）。密尔斯学院的校训是"记住你是谁、你代表什么"（Remember who you are & Remember what you represent）。它注重培养学生的批判精神、挑战精神、交往能力、应对全球化、多元文化所需的知识技能。

---

❶ 郭冬生 . 中美韩三国女子高校校训比较及其启示 [J]. 中华女子学院学报，2012（2）：43-46.

（4）美国史密斯学院（Smith College）。史密斯学院的校训是"至德、至知"（To virtue, knowledge 或者 In virtue, knowledge）。即在学生的多种素质中首倡美德——赋予人以智慧、勇气和正义，接着就是知识——赋予美德以力量、方向和立场。这一校训成就了该校"不让须眉的女子学院"美名。

（5）美国圣莫尼卡学院（Santa Monica College）。圣莫尼卡学院是一所两年制社区学院，其校训是"优质教育改变人生"（Changing lives through excellence in education），旨在为女性提供一条开放而实惠的学习通途，努力打造职业成功人士，培养终身学习的人格。

（二）三所亚洲女子高校校训

美国女子高等教育理念一直为各国女子高校所追随。韩国和日本的三所女子高校，在一定程度上吸纳了美国的教育理念，但更多地渗透了本国、本民族的教育思想，从而形成了亚洲女子高校特色的校训。

（1）韩国梨花女子大学（Ewha Womans University）。梨花女子大学的校训是"真、善、美"（Truth, goodness, and beauty），简洁而广为世界女校熟知。"真"表示作为大学追求科学的基石的智力美德；"善"是一种更实用的美德，要争取永久的世界社区和人类社会的和平；"美"意味着和谐，这种美德滋养富于创造的知识分子，通过最大限度地发挥彼此的自由崇尚和与生俱来的独特个性，编织美好世界，创造新文化。

（2）韩国淑明女子大学（Sookmyung Women's University）。淑明女子大学的教育目标是"培养具有领导素质的为国家和人类的发展有所贡献的多姿多彩的成熟的女性人才"，其校训是"温文尔雅之力改变世界"。两者紧密呼应，意指利用女性智慧和力量，打造一个充满希望的未来社会。

（3）日本同志社女子大学（Doshisha Women's College of Liberal Arts）。同志社女子大学的校训是"培养具有独立性和关心他人、具有国际奉献精神和潜能的女性"（Women who have acquired a sense of independence and consideration for other people，and have the potential to become contributing members of an international society）。该校强调教育要尊重灵性和个人的独立性，以便发展个性，培养能力，提倡基督关爱众人的良知，注重拓宽学生视野，培养具有国际视野和国际思维的人才。

（三）六所中国女子高校校训

我国女子高校起源于近代外国传教士创办的教会学校，那时基本上是"太太学校"。但今天的女子高校着眼满足女生的高等教育需求，主要培养具有男女平等意识的各行各业的应用型女性人才。与西方女子高校的教育理念不同，我国女子高校校训要体现民族文化的特性；与传统大学的办学定位不同，我国女子高校的校训彰显女校文化的特色。

（1）中华女子学院。曾一度以"团结、勤奋、求实、创新"（前名誉校长陈慕华同志的题词）为校训，2005年开始以"崇德、至爱、博学、尚美"为校训。后者较好地体现了培养具有"四自"精神和公益意识、德智体美劳全面发展、知性高雅女性专门人才的目标定位。

（2）湖南女子学院。该校 2009 年由湖南女子职业大学升格为本科学校，其校训"懿德睿智、笃行臻美"，体现了培养既具有现代专业知识技能又具有东方传统美德的高品位、高素质应用型女性人才的目标要求。

（3）山东女子学院。该校校训是"团结、求实、进取、创新"。或许因为曾一度是中华女子学院山东分院的缘故（2009 年升格为本科学校），其校训内容与中华女子学院先前的校训十分相似。

（4）南京师范大学金陵女子学院。该院秉承南京师范大学"正德厚生、笃学敏行"的校训精神，将"厚生"诠释为金陵女院的指导思想（"金陵精神"），要求学生不仅掌握所学的基础和专业知识，而且强调树立高尚理想，在各自的岗位上，用自己的智慧和力量，敬业勤业、坚忍执着、无私奉献，为他人、为社会、为国家服务终生。

（5）广东女子职业技术学院。其校训是"励志、笃学、求实、尚美"，显示出其重视励志教育、注重专业技能培养、塑造女生审美教育等特点。

从前面分析不难看出，我国女子高校的校训在形式上都比较简洁，在内容上都强调德智体美劳全面发展和女生"特质"的养成。但是，从建设世界一流女校或精品女校的目标来看，我国女子高校的校训在形式上有待完善，在解读上有待细化，在实践上有待深入。

三、我国女子高校校训凝练

如何在大学文化与女性（或性别）文化、东方文化与西方文化之间寻求平衡，这是我国女子高校的校训需要回答的前置问题。我国女子高校要立足中华大地办大学，以现代教育和文化理念为指导，科学地提炼、解读、运用校训，并采取一系列相应的策略。

（一）构思要兼容并包

女子高校的校训要从多角度、多层面进行思考，发动广大师生和社会共同参与。在指导思想上，要弘扬中华民族的优良传统，汲取儒家思想等优秀文化的精华；要体现现代大学的科学精神，体现润物无声的人文关怀。在路径上，校训要体现学校领导尤其是校长的办学思想，吸收广大师生的集体智慧，反映校友们的良好愿望，在广泛收集建议的基础上进行专家评审筛选。这样形成的校训会更贴近学校实际，更容易得到师生的广泛认同，更容易成为师生的"座右铭"和行动指南。

（二）内容要彰显个性

有个性的校训容易体现办学特色，容易达到出奇制胜的效果。例如，北京舞蹈学院"文舞相融、德艺双馨"，北京林业大学"养青松正气、法竹梅风骨"，东北林业大学"学参天地、德合自然"等校训，都彰显了各校的个性。一方面，它们与女校的办学宗旨及价值追求相联系，女子高校的校训要体现服务妇女发展、传播发展先进性别文化的类属性；另一方面，它们与各校的历史传统、教育理念等相联系，女子高校的校训要各展其长，百花齐放。由于教育方针和教育标准的统一性，出现用词趋同、风格相近的校训也无关紧要，关键是要体现校情，对似曾相识的"校训"赋予不同的内涵和实践。

（三）解读要与时俱进

一般说来，校训一经确定就不宜修订，尤其不能仅仅因为人事变动而修改校训。但是，随着学校内外环境和发展目标的调整，校训也需要进行必要的调整。女子高校的校训要跟上时代步伐，富于时代气息，不断充实校训的内涵，对既有的校训进行"与时俱进"的诠释，并通过必要的讨论、学习和宣传活动，让广大师生真正理解并努力贯彻实践。笔者认为，与其不断地更改校训，不如赋予校训新的内涵，并切实加以贯彻落实。

（四）运用要天长地久

教育是一种踏实细致的工作，需要在"行动研究"上下功夫。校训具有潜移默化的渗透效应，其贯彻和执行要与学校教育与管理活动紧密结合。女子高校要营造良好的人文环境，努力把校训转化为具体的活动方式，让师生在"活动"中加深对校训的理解，使之养成一种生活习惯，形成一股精神力量。为了激励全校师生，学校可借校庆、入学教育和总结表彰大会等契机，激励师生齐心协力，实现校训指向的共同愿景，不能让校训悬在"公见之地"受到冷落。那样，再富有文化内涵的校训也难以对师生产生广泛而深远的影响。

第六章　我国女子高校生涯规划教育

　　培养目标和培养方案是学校层面的远景图，生涯规划和学习计划是个体成长的施工图。生涯规划与生涯教育是女子高校教育的重要组成部分。抓好生涯教育与生涯规划，既是女子高校立德树人的生动实践，又是促进高质量就业的基础工作。坚持用习近平新时代中国特色社会主义思想铸魂育人，践行马克思主义教育观、成才观、妇女观和家庭观，引领女大学生在正确"三观"的基础上，超前谋划职业、婚姻和家庭等人生大事，是深化新时代女子高校教育教学改革的当务之急。

　　随着高等教育扩招，特别是近十年来我国高校毕业生供给量居高不下，大学毕业生就业压力大成为新常态。例如，根据近几年教育部等相关部门数据，2022 年、2023 年、2024 年我国高校毕业生数分别达 1076 万、1158 万、1179 万人。同时，就业市场存在岗位结构性供给不足问题。因此，包括女大学毕业生在内的重点就业群体一直成为党和政府、学术界和社会关注的焦点。面对不容乐观的就业形势和就业压力，女大学生该如何正确认识并积极面对？在校期间和毕业阶段如何行动和理性选择？这里从教育学和社会性别视角进行初步探讨。

第一节　女子高校生涯规划教育意义

近些年来，生涯规划教育特别是职业生涯规划教育越来越受到各级学校和劳动、教育等部门的重视。生涯规划与教育并不是有些人想象的那样，只是在学生毕业时提供升学或就业方面的帮助即可。生涯规划与教育的本质是根据青少年身心发展的阶段特征，实行各种教育和指导活动，使其能正确认识自己、家庭、职业和社会，明智地选择自己的学业、职业与生活道路，并且利用外部条件和主观努力促使人生理想得以实现的认识和实践活动。生涯规划与教育体现了学生和学校两个视角。生涯规划旨在服务每个学生个体，生涯教育是学校为学生发展提供的支持和服务。如果说培养目标和培养方案是学校层面的远景图，那么生涯规划和学习计划是学生个体成长的施工图。

生涯规划与教育是融合相关知识、观念、行动对学生未来社会和家庭生活的研判和预演，是立足当前、面向未来培养学生自主自立能力和自我实现的综合性教育实践。从这种意义上说，生涯规划与教育是学校教育的重要组成部分，中学生和大学生是生涯规划教育的重点人群。生涯规划与教育对女子高校尤其具有特殊重要的意义。女子高校必须加强生涯规划与教育，为学生提供有效的学业、职业、家庭和婚育等人生重要规划的教育、指导和服务，为最终实现人生理想和自我价值奠定基础。

生涯规划教育是促进女大学生成才的客观要求。从学生成长发展角度看，如果说办学定位、培养目标和培养方案是女子高校学校层面的愿景图，那么生涯规划和学习计划就是学生个体成长的施工图。个人前途与家庭命运、国家发展、民族兴衰是紧密相连的。大学生无疑要将人生理想与国家和民族命运联系在一起，在报效祖国、服务人民的过程中成长、成才。2023 年 6 月 26 日，习近平总书记在同十九届团中央领导班子成员集体谈话时指出："要加强对广大青年的理想信念教育，引导广大青年树立共产主义远大理想，坚定中国特色社会主义共同理想，坚定听党话、跟党走的政治信念，在强国建设、民族复兴的历史潮流中确立正确的人生目标，为一生的奋斗奠定基石。"❶ 2023 年 10 月 30 日，习近平总书记在同十三届全国妇联领导班子成员集体谈话时强调："要坚定不移走中国特色社会主义妇女发展道路，激励广大妇女自尊自信、自立自强，奋进新征程、建功新时代，为中国式现代化建设贡献巾帼智慧和力量。"❷ 因此，新时代女大学生要把个人前途与强国建设、民族复兴伟业联系起来，不仅成为追求自己幸福的时代新人，而且要在中国式现代化建设中找到着力点，在社会主义家庭文明建设中彰显担当。从这种意义上讲，涵盖妇女观、婚恋观、职业观、家庭观和生育观等在内的生涯教育与规划，是女子高校人才培养的基本任务，是思想政治教育的重要内容，是校园文化建设的生动实践。

大量调查研究表明，当代女大学生的"三观"和精神状态总体上积极向上，但是个别人的世界观、人生观、价值观也存在模糊甚

---

❶ 习近平同团中央新一届领导班子成员集体谈话 [EB/OL].（2013-06-20）[2023-10-16]. https://www.gov.cn/yaowen/tupian/ 202306/content_6888533.htm#1.

❷ 习近平同全国妇联新一届领导班子成员集体谈话 [EB/OL].（2023-10-30）[2024-01-25]. http://www.xinhuanet.com/photo/ 2023-10/30/c_1129949341.htm.

至错误的认知，有些人的职业观、婚恋观和家庭观处于迷茫或者偏激状态。有学者进行的"新时代女大学生婚恋观"问卷调查显示：新时代女大学生在婚恋观上表现"四个并存"：恋爱动机理想化与功利化并存、性爱抉择保守化与随意化并存、婚恋择偶自主化与他介化并存、婚姻角色平等化与依附性并存；在思想心理状态上，存在缺乏远大理想和坚定信念，"自尊、自信、自立、自强"意识较弱，常常纠结于事业与家庭的两难选择，过分追求安逸享乐生活等方面的问题。❶ 2022 年的调查数据显示，61% 的大学生受访者表示"会结婚"，32% 的选择"不知道、顺其自然"，7% 的表示"不打算结婚"。而在 61% 表示"会结婚"的受访者中，男生占 75% 左右，女生只有近 50%。此结果表明，受诸多因素的影响，女大学生的结婚意愿不高。❷

坚持以习近平新时代中国特色社会主义思想铸魂育人，践行马克思主义教育观、成才观、妇女观和家庭观，引领女大学生在正确"三观"基础上，超前谋划职业、婚姻、家庭等人生大事，是深化女子高校教育教学改革的当务之急。

生涯规划教育是促进女大学生就业的基础工程。相对于男大学毕业生群体而言，女大学毕业生总体上就业形势更加严峻，出现一定程度的"男生吃香"的用人现象，表现在曾有个别用人单位在招聘中存在明显的女性歧视。例如，有的公开标明"限招男性"或

❶ 魏姝 . 新时代女大学生婚恋观研究 [D]. 哈尔滨：哈尔滨理工大学，2019.

❷ 高佳 . 专访人口学者李婷：大学生结婚意愿高于预期，但正走向"个体式婚姻" [N]. 界面新闻，2022-05-16.

"男性优先"，有的在筛选简历时心照不宣地拒收女生，有的面试时附加婚育等方面的限制条件。随着《中华人民共和国妇女权益保障法》深入实施和男女平等基本国策日益深入人心，劳动人才市场上的女性歧视现象明显改观。那么，到底如何看待就业中女大学毕业生被歧视或者说女生就业弱势现象？笔者认为，应该从以下两个方面来分析。一方面，"男生吃香"现象在很大程度上是体制内劳动用工制度造成的，不能简单用"性别歧视"来解释。绝大多数体制内单位实行"定编、定岗、定员"。如果女职工过多，年轻妈妈们经常请假、不能出差或减少工作量等，势必影响工作效率。既不能随意解雇员工，又不能额外增加人力，那么单位自然会考虑尽量少招女性。另一方面，高等教育中女性在校生和毕业生多于男性而且会持续下去。随着高等教育不断扩招，我国高等教育领域的性别比例逐渐发生逆转，即高校在校生数、毕业生数皆由"男多于女"转向"女多于男"。❶

一些非女子高校或有些院系（如师范类、语言文学类、财经类、教育类、法学类等），成为事实上的"女子高校""女性教育院系"。❷

概括起来，所谓女大学生比男大学生就业更难，除受国际和国内经济等因素导致就业困难外，主要与现行生育、养育等社会保障机制有关，与高等教育中女生总数更多且主要集中在文科性专业有

---

❶ 李春玲."男孩危机""剩女现象"与"女大学生就业难"——教育领域性别比例逆转带来的社会挑战 [J]. 妇女研究论丛，2016（2）：33-39.

❷ 北京市各大学女生比例排名 [EB/OL].（2014-07-19）[2023-12-07]. https://tieba.baidu.com/p/3174559401.

关。最根本的是要进一步健全完善与生育、养育和妇女就业等相关的法律法规政策。而从女大学生方面讲，树立正确的职业观、就业观和家庭观，做好职业规划和人生规划显得尤为重要。它是保证和提高女大学毕业生就业率和就业质量的基础工程。政府、高校和社会要协同发力、多措并举，完善就业法律法规、政策举措和就业指导服务，深入贯彻男女平等基本国策，消除潜在的女毕业生求职歧视，促进女大学毕业生"好就业、就好业"。对女大学生来讲，既要增强自身实力、提高就业竞争力，也要制定好、实施好包括职业、学业、婚育、家庭规划等在内的人生规划，如此方能收到事半功倍、一劳永逸的效果。

第二节　女大学生的职业规划

生涯规划是个体根据自己的兴趣、能力、价值观和市场需求等因素，对自己的学业、职业、婚姻等进行的系统性设计和安排。职业规划是女大学生生涯规划的首要内容。要通过传授科学的职业理念、知识和技能，了解现代职业特征，树立正确就业观和职业观，充分认识自我，接受职业规划训练，找到准确职业定位，掌握职业生涯规划能力，并将其转化为职业生涯规划与实践行动，成为对社会有责任、对家庭有贡献的新时代女性。

近些年来，女大学生职业规划逐渐成为显学。例如，王凤基、何树莲著《女大学生职业生涯规划》、贾兰芳著《女大学生职业生涯规划及就业心理调适》等相继出版。其中，王凤基、何树莲著《女大学生职业生涯规划》，针对女大学生的身心发展特点，较详细阐述了女大学生在未来各阶段如何进行职业规划诸问题，包括认识生涯规划的意义、了解影响女性职业的因素、正确认识自我（兴趣、性格、能力等），形成自我职业价值观，科学设立目标、追求目标、调整目标。这本书特别讲到如何做好就业前的各类准备：认识自我，制定适合的学业规划；勤奋学习，拓展自己的知识宽度；大胆锻炼，提升自身职业能力；全面发展，培养自身综合素质；加强训练，提高自身职业技能；了解就业程序，做好就业应聘准备；掌握应聘技巧，力争实现初次就业，并抱有深造打算等。此外，这本书还介绍了如何成功实现创业、化解创业风险、学会守业及跳槽等知识和策略。❶

首先，女大学生要树立做一名职场人的理想目标。习近平总书记指出，妇女是物质文明和精神文明的创造者，是推动社会发展和进步的重要力量。以中国式现代化全面推进中华民族伟大复兴，为妇女发展提供了广阔舞台。女大学生要自觉听党话、跟党走，坚定理想信念，深植家国情怀，勇担历史使命，制定好职业生涯规划，以行动建功新时代，以奋斗创造出彩人生，为推进中国式现代化贡献女性力量。

其次，女大学生要在"鱼"与"熊掌"之间作出抉择。当代女大学生既向往家庭幸福，也注重职业发展，在工作价值和家庭价值取向上展现传统与现代间的张力，这恰恰是社会转型期人们价值观

---

❶ 王凤基，何树莲.女大学生职业生涯规划 [M].武汉：华中师范大学出版社，2009：1-5.

嬗变的一个缩影。自古以来，"鱼和熊掌不可兼得"。女大学生尤其要廓清自己到底想干哪行、干什么，自己是否适合从事本行工作，不同职业的经济、社会、精神价值是不同的，行业收入与生活模式也不同。即使是同一行业，也存在岗位之间的差别。

第三节　女大学生的学业规划

学业规划与职业规划紧密相连，是实现职业规划的垫脚石。从理论上讲，女子高校的学业规划与传统高校无本质上的区别。例如，报考哪一类大学？想读什么专业？读文科还是理科？这类问题在高中阶段应该有些心理准备。特别是在高考填报志愿时，是选学校还是选专业？选城市还是选学校？遵从兴趣爱好还是追求功利目的？是做短期学业打算还是长远职业规划？这些在进大学前应该好好想一想。按照人力资本理论，教育投入越高，获得的回报可能也越高，包括可能有更高的工资收入和更多职业发展的可能性。

学科和专业决定着大学生将来进入哪个行业或工作岗位。进哪类大学、修什么专业，在很大程度上取决于高考成绩和志愿填报情况，性别因素的影响不会太大，填报志愿也是有技巧的。通用的高等教育专业选择性大，但是竞争也更激烈。

高考被录取、新生报到后，就应该着手制定大学学业规划。现在大学的学习自由度相对较大。以学科专业而言，并非一考定终身。例如，有申请转专业的机会，也有辅修第二专业的机会，还有毕业深造的机会等。即便选择"一条路走到底"，选修本校哪些课程、跨校选修哪些大学的课程、参加哪些校园文化活动、如何安排专业实习和社会实践等，都可能由大学生个体自主决定。诸如，是否申请转专业？是否辅修第二专业？是准备读研还是考公务员？读研是在国内还是出国？报考研究生是否转换学科？打算婚前深造还是婚后深造？诸如此类的现实问题，都是女大学生制定学业规划时难以回避的问题。

第四节　女大学生的婚育规划

婚育规划是指女大学生在正确的婚恋观、生育观和职业规划指导下，对当前和未来恋爱、结婚成家、生育计划等方面的系统考虑和打算。2017年，中共中央、国务院印发《中长期青年发展规划（2016—2025年）》，特别要求"将婚恋教育纳入高校教育体系，强化青年对情感生活的尊重意识、诚信意识和责任意识，引导青年树立文明、健康、理性的婚恋观"。

女子高校不仅要致力于职业能力教育，而且要致力于幸福力的培育，包括开设"女性与婚姻家庭"系列选修课程，开设性健康、婚育知识等专题讲座，实施大学生恋爱援助项目，为想恋爱、正恋爱和失恋的女大学生提供援助等，帮助学生形成对爱情、婚姻、家庭的正确认知，树立正确的婚恋观、家庭观，掌握解决婚姻家庭问题的方法技巧，制定个性化的婚育家庭等规划。女大学生的婚育规划要注意以下三点。

一要树立正确的婚恋观。有调查数据显示，将近 78% 的女大学生认为影视作品、明星事件等会影响自己的婚恋观。❶ 恋爱与结婚紧密联系，但爱情与婚姻不是一回事。爱情是人生阶段性的情感体验，笔者称之为"人生春天的踏青活动"。受诸多条件的限制，相爱的一对异性未必能走向婚姻殿堂。而婚姻是成年以后长久的复杂的情感体验，笔者称之为"一年四季的户外活动"。婚姻需要"保鲜"，需要"经营"，更需要体谅和妥协。以结婚为目标的爱情只涉及两个人的人生规划，而基于感情的婚姻则涉及两个核心家庭甚至更大家族的规划，婚姻会影响到两个当事人乃至两家的核心利益，包括经济利益、文化利益、社会利益等。

二要制定适切的择偶标准。打算找什么样的男性做丈夫？找到又帅气又完美的配偶当然好，但是，两人的"三观"接近和个性互补可能更加重要。谈恋爱、找结婚对象，男生的责任担当和上进心是需要认真考虑的因素，"啃老族""躺平族"需要慎重考虑。不要追求爱情婚姻的轰动效应。诸如一些名人的浪漫恋情，是可遇不可求的；当今影视界和媒体界的名人婚姻现象，更不具有示范意义，有的甚至具有负面误导效应。嫁给什么样的家庭确实是一个问题。但是，随着社会文明程度日益提高，不同家庭走出来的男女都可能走向幸福婚姻生活。

三要做好未来的婚育规划。结婚后要不要孩子？打算何时要孩子？生一个还是两个？这些是女大学生毕业前后应该思考的问题。

---

❶ 叶晨露. "饭圈文化"对当代女大学生婚恋观的影响研究 [D]. 杭州：杭州电子科技大学，2023.

母性是女性与生俱来的。母爱是人世间最伟大的感情。人口繁衍是家庭和社会的需要。的确，对于已婚女性，生不生孩子是她个人的权利。早生、晚生取决于当事女性自己、夫妻二人、家族意愿和抚养条件等。是否生两孩或者三孩，更取决于个人兴趣、经济能力、托幼条件等。一方面，"养育高于一切"的观念逐渐得到认同。受过高等教育且经济条件好的年轻夫妇（特别是中产阶层），越来越注重子女的养育问题，短暂"全职太太"有明显增多的现象。另一方面，生育会影响妻子的职业发展。这种影响可能是暂时的，也可能是长期的。年轻的母亲们既想把子女培养成优秀人才，又想自己事业成功，而这就面临工作角色与家庭角色的平衡；如果难以实现平衡，自然就会感到压力巨大。"全职太太"对于"事业至上型"的女性并不合适，政府和社会要努力减轻职业妇女面临的家庭与职业平衡压力。作为应对策略，国家应当提供更优惠的生育福利政策，单位要提供更便利的婴幼儿照顾条件，家庭内父辈与子辈要互帮互助，还要积极推进家务劳动社会化等。

第五节　女大学生的家庭规划

家庭是以姻缘和血缘为纽带、以共同生活为特征的社会生活共同体。作为社会生活的一种组织形式，家庭具有其他社会组织难以替代的作用。古人云：天下之本在国，国之本在家。党的十八大以来，习近平总书记继承发展传统的"修齐治平"思想，将家庭建设提升到治国理政的新高度，就注重家庭、家教、家风发表了一系列重要论述，作出了一系列重要指示和批示。他在多个场合多次强调："无论时代如何变化，无论经济社会如何发展，对一个社会来说，家庭的生活依托都不可替代，家庭的社会功能都不可替代，家庭的文明作用都不可替代。"❶习近平总书记的重要论述，为新时代家庭建设、基层治理和妇联工作提供了根本遵循。

2013 年 11 月 1 日，党中央给中国妇女第十一次全国代表大会的祝词中提出：慈母、孝女、贤妻对促进家庭和美、社会和谐发挥着不可替代的作用。2018 年 11 月 2 日，习近平总书记同十二届全国妇联领导班子集体谈话强调：发挥妇女在社会生活和家庭生活中的独特作用，注重家庭、注重家教、注重家风，坚持以社会主义核心价值观为统领，引导妇女既要爱小家，也要爱国家，带领家庭成员共同升华爱国爱家的家国情怀、建设相亲相爱的家庭关系、弘扬向上向善的家庭美德、体现共建共享的家庭追求，在促进家庭和睦、亲人相爱、下一代健康成长、老年人老有所养等方面发挥优势、担起责任。❷

家庭规划与走出校门后的择偶、结婚、生育等行为紧密相连。为人父母之后，子女健康快乐成长是女性幸福的动力源泉。寻求家庭与个人事业的平衡，寻找个人与亲人最大幸福公约数，这是已婚夫妇都要面临的一个现实问题。慈母、孝女、贤妻的价值取向是社会主义核心价值观对家庭建设的基本取向。由于我国一直倡导并推

---

❶ 习近平在会见第一届全国文明家庭代表时的讲话 [A]. 习近平论党的宣传思想工作 [M]. 北京：中央文献出版社 2020:281.

❷ 习近平在同全国妇联新一届领导班子成员集体谈话的讲话. 习近平关于妇女儿童和妇联工作论述摘编 [M]. 北京：中央文献出版社出版，2023：45-46.

进男女平等，慈母、孝女、贤妻这个贯穿女性生命周期与家庭性别角色定位及其延绵几千年的传统价值，有点被淡忘，有时还被激进者批判。❶这种淡忘与批判容易让人忽视妇女在弘扬中华民族家庭美德、树立良好家风方面蕴藏的独特作用。

有学者对华东地区 588 名女大学生开展"工作和家庭价值取向"调查后发现，当前女大学生更愿意毕业后攻读研究生而非自主创业，具有明确职业规划的人比较少；她们的职业目标优先聚焦于薪酬、工作家庭平衡、人际关系与自我实现；她们既看重家庭生活，又重视职业发展，崇尚男女平等的家庭分工模式，主张工作与家庭分开，倾向于理性应对工作和家庭冲突。❷

婚姻和家庭是关乎人生幸福的一门高深学问，建设和美家庭需要作出相应的规划、接受相应的训练。女大学生要强化家庭责任意识，树立正确家庭观念，在大学受教育期间，增强家庭生活知识技能，提升准母亲、准妻子素养，争做新时代家庭文明新风尚的倡导者和践行者。

当代女大学生既渴望在职场上取得成功，又期待拥有美满的家庭。这意味着她们走出大学校门后必将面临工作角色和家庭角色的平衡问题。如果将职业发展、家庭美满视为私人领域的追求，那么女大学生就需要独自承担来自工作与家庭的双重压力；如果将职业发展、家庭美满看作公共领域的事务，那么政府、社会、

❶ 叶文振. 慈母、孝女、贤妻的时代价值与实现路径——写在"三八"妇女节的思考 [EB/OL].（2014-03-20）[2023-11-19]. http://www.womenright.org/a/news/sh/2014/0320/1657.html.
❷ 邓子鹃. 女大学生的工作和家庭价值取向 [J]. 中华女子学院学报，2019（6）：63-64.

家庭和个体都应承担责任，这样一来女大学生未来面临的压力就会小得多。

　　无论怎么说，作为党和国家培养优秀女性人才的教育阵地，女子高校在家庭建设、人才培养、科学研究和社会服务等方面具有得天独厚的优势，对传播弘扬社会主义家庭文明新风尚担负义不容辞的责任。因此，女子高校要深入贯彻习近平总书记关于"家庭、家教、家风"建设的重要论述精神，切实引导女大学生树立正确的成才观和家庭观，自觉践行社会主义核心价值观，准备在促进家庭和睦、亲人相爱、下一代健康成长、老年人老有所养等方面担起责任、施展抱负、展现优势。

第七章　国外女子高校课程设置

　　课程设置特别是女性教育课程，是体现女子高校办学理念、人才培养特色的显著标志。分析对比发现，美国女子学院开设了丰富多彩的"女性教育课程"或者"女性特色课程"；除开设美国妇女史、妇女学或性别导论、妇女－性别研究方法等专业基础课外，还开出跨院系的妇女或性别研究选修课程，而且有一定比重的分种族、分地区研究妇女的课程。日本女子高校女性课程目标注重培养女性的职业能力，以与人文社科类相结合的交叉课程为主，课程形式以选修课或指定选修课为主，一般由大学的女性学研究中心来支撑，"女性学""女性史"是女性教育核心课程。相较于美国，日本女子高校女性课程数量相对较少。韩国女子高校的女性学公共课设置呈系列性，"女性与生活""女性与教养"等课程内容较丰富具体。以梨花女子大学为代表，女性教育课程显现三个特点：一是重视女生人格教育；二是重视家庭生活教育；三是课程选择的自由度较大。相比美、日、韩三国，我国女子高校女性公共课程资源稍显不足，重视家庭生活教育不够，女性课程选择的弹性较小，跨院系开设女性教育课程有待加强。

课程（curriculum）是教育学中的一个基本概念，指学校等教育机构为实现培养目标而选择的教学科目、有计划的教育或培训活动。课程是教育理念和教育内容的基本载体，是开展"教"与"学"实践活动的依据。课程设置是实现人才培养目标的重要途径，是最能体现一所学校人才培养特色的判别指标。因此，本章选取美、日、韩三国在世界女子高等教育中有影响力的女子高校为案例，试对国外女子高校女性教育课程进行探讨。

第一节　研究国外女子高校课程的意义

这里"女性教育课程"（feminine curriculum）可称为"女性特色课程"。它是以一定的教育理论和妇女－性别观为指导，根据女生身心发展特点和特殊学习需求而设置的课程体系。女性教育课程是塑造女生健全人格、传播先进性别文化、促进学生全面发展的主要渠道。开设怎样的女性教育课程，构建合理的课程体系，是体现现代女子高校办学理念、办出女子高等教育特色的显著标志。

美国独立设置的女子高校肇始于 19 世纪 30 年代，鼎盛时有近300 所，一度成为女子接受高等教育的主要途径，后来逐渐减少。美国女子高校"五姐妹学院"指蒙特霍利约克学院（Mount Holyoke College）、瓦萨学院（Vassar College）、威尔斯利学院、史密斯学院、布林莫尔学院（Bryn Mawr College）（最早是"七姐妹学院"。）这些女子高校培养了不少杰出女性精英人才，故在美国女子高等教育中有重要地位和影响。同时，"五姐妹学院"的教育理念、办学模式、管理风格等很有代表性，从这些女子高校基本可以看出美国女子高校女性教育课程设置的全貌。

日本女子高校的教育目标主要有"培养女性精英"和"培养自营自立的女性"两大类型，其女性课程是区别于男女混合大学的显著特征。从御茶水女子大学、东京女子大学、同志社女子大学等学校来看，虽然不同女子高校的教育理念和课程目标有所不同，但这些高校的女性课程在课程目标、课程形式、教学内容、开课主体等方面呈现某些共同特征。

以梨花女子大学为代表的韩国女子高校，基于其培养目标和女生身心特征而设计的女性教育课程也表现出鲜明的特点。例如，课程设置适应女生的兴趣和发展需要，注重培养"基督教式"人格、女生的创造力和领导力，并且给予学生一定的学习和选课自由等。

我国女子高校是中国共产党领导的社会主义大学，女性教育课程设置要以习近平总书记关于教育和妇女的重要论述及马克思主义关于人的全面发展学说、马克思主义妇女观等为指导，促进女大学生全面发展，成为社会主义建设者和接班人。但是，学习借鉴包括外国女子高校经验在内的世界优秀文明成果，也是促进女子高校发展、建设中国特色一流女子大学的应有之义。故本章对美、日、韩三国女子高校女性课程设置进行专题探讨。

第二节　美国女子高校女性教育课程

美国一些女子高校开设了妇女与性别研究、妇女学、性别学、性别与性学等专业。而"五姐妹学院"几乎都开设了妇女学、性别学这类专业。除布林莫尔学院的性别与性专业（Gender and Sexuality Program）是双学士专业或辅修专业（Interdisciplinary Program）外，其他都是独立院系开设的专业（见表 7-1）。

表 7-1　美国五姐妹学院女性教育专业名称

中文校名	英文校名	中文专业名称	英文专业名称
威尔斯利学院	Wellesley College	妇女 – 性别学	Women's and Gender Studies
史密斯学院	Smith College	妇女 – 性别研究	Study of Women and Gender
布林莫尔学院	Bryn Mawr College	性别与性	Gender and Sexuality Program
蒙特霍利约克学院	Mount Holyoke College	性别研究	Gender Studies Major
瓦萨学院	Vassar College	妇女学	Women's Studies Program

同美国很多其他文理学院一样，"五姐妹学院"的学生要修习不少课程。就拿布林莫尔学院来说，学生必修的课程包含三门人文方面的课程，两个学期的英语写作课、社会科学课和科学实验课，一个学期的数学、计算机或统计课程。此外，学生还须上满八个学期的体育课，新生必须修一门写作课。下面简要梳理一下美国"五姐妹学院"女性教育课程设置。

一、专业必修课程

美国女子高校妇女 – 性别学专业一般开设美国妇女活动史、妇女 – 性别理论、妇女 – 性别研究方法等专业基础课程。有的还把妇女 – 性别与法律政策等作为专业必修课程（见表 7-2）。

表 7-2　美国五姐妹学院妇女 – 性别研究专业必修课程概览

校别	课程门数	必修课程名称
威尔斯利学院	3	妇女 – 性别研究理论（WGST）：性别社会结构（The Social Construction of Gender）、妇女研究入门（Introduction to Women's Studies）、当代美国社会妇女（Women in Contemporary American Society）
史密斯学院	4	妇女与性别研究导读（Study of Women and Gender Reads）、性别、法律与政策（Gender, Law, and Policy）、同性恋研究（Introduction to Queer Studies）、不守规矩的身体（Unruly Bodies）
布林莫尔学院	1	性别与性的跨学科视角（Interdisciplinary Perspectives in Gender and Sexuality）
蒙特霍利约克学院	6（1+5）	社会性别研究导论（Introduction to Gender Studies）、女性主义研究方法与实践（Methods and Practices in Feminist Scholarship）、文化研究中的妇女与社会性别（Women and Gender in the Study of Culture）、历史研究中的妇女与社会性别（Women and Gender in the Study of History）、哲学与宗教中的妇女与社会性别（Women and Gender in Philosophy and Religion）、社会科学中的妇女与社会性别（Women and Gender in the Social Sciences）
瓦萨学院	4（1+3）	社会性别、社会问题与社会变化（Gender, Social Problems and Social Change）、家庭、法律与社会政策（Family, Law, and Social Policy）、妇女研究导论（Introduction to Women's Studies）女权主义问题：身体与文本（Issues in Feminism：Bodies and Texts）

二、专业选修课程

美国女子高校的妇女－性别研究专业选修课程资源较丰富。女性教育课程通常由专门的妇女－性别研究与教学机构开设（也有其他学术机构开设的）。因而，很多妇女－性别教育课程属于跨院系、跨学科的选修课程（见表 7-3）。

表 7-3　美国五姐妹学院妇女－性别研究专业选修课程概览

校别	本院系开设选修课数量	其他院系开设选修课数量
威尔斯利学院	12	47
史密斯学院	33	25
布林莫尔学院	75（未作区分）	
蒙特霍利约克学院	22	26
瓦萨学院	3	29

不难发现，美国女子高校分种族、分地区研究妇女问题的课程占有一定的分量。例如，威尔斯利学院开设了四门分种族的妇女研究课程、十门分地区的妇女和性别研究课程（见表 7-4）。

美国女子高校一般还开设了性教育（Sexuality）的专业必修课程或跨院系的选修课程。有的单独开设一门课程，有的在妇女或社会性别专题课程中进行渗透式教学（见表 7-5）。

表 7-4　美国五姐妹学院分种族、分地区妇女 – 性别研究课程

校别	分种族研究课程		分地域研究课程	
	门数	课程名称	门数	代表性课程
威尔斯利学院	4	美国电影中的黑人和女人（Blacks and Women in American Cinema）、电影中的亚裔美国女人（Asian American Women in Film）、犹太裔拉美女作家（The Jewish Women Writers of Latin America）、黑人女作家（Black Women Writers）等	10	西方社会性别与种族（Gender & Race in Westerns）、南亚社会性别与权力（Gender and Power in South Asia）、现代中东社会性别结构变化（Changing Gender Constructions in the Modern Middle East）、拉美社会性别与民族（Gender and Nation in Latin America）、20 世纪欧洲的社会性别与生理性别（Gender and Sexuality in Twentieth Century Europe）等
史密斯学院	5	美国黑人妇女史（History of Black Women in America）、黑人妇女研究导论（Introduction to Black Women's Studies）、美国种族与民族认同（Race and National Identity in the United States）、犹太教、女权主义和宗教政治（Judaism, Feminism, and Religious Politics）等	9	现代欧洲的妇女与社会性别（Women and Gender in Modern Europe）、近代东亚的妇女与社会性别（Women and Gender in Early Modern East Asia）、东亚妇女与现代性（Women and Modernity in East Asia）、社会性别与大英帝国（Gender and the British Empire）、当代欧洲的妇女与社会性别（Women and Gender in Contemporary Europe）等
布林莫尔学院	1	犹太教中的妇女（Women in Judaism）	6	南亚社会性别（Gender in South Asia）、古代东方妇女（Women in the Ancient Near East）、意大利妇女运动（The Italian Women's Movement）、英国女诗人（British female poet）等

续表

校别	分种族研究课程		分地域研究课程	
	门数	课程名称	门数	代表性课程
蒙特霍利约克山学院	3	西班牙帝国妇女（Women in the Spanish Empire）、伊斯兰教中的妇女和社会性别（Women and Gender in Islam）、非裔美国妇女和美国历史（African American Women and U.S History）	7	20世纪德国文化中的社会性别战（Gender of War in Twentieth Century German Culture）、中国历史上的妇女（Women in Chinese History）、非洲妇女：食物与权力（African Women：Food and Power）、南亚妇女与社会性别（Women and Gender in South Asia）、拉丁女权主义（Latina Feminisms）等
瓦萨学院	4	美国土著妇女（Native American Women）、非裔美国妇女史（African American Women's History）、美国黑人艺术与妇女艺术运动（Black Arts and Women's Art Movements in the US）等	4	家庭暴力（Domestic Violence）、中日文学中的妇女（Women in Japanese and Chinese Literature）、美国黑人艺术与妇女艺术运动（Black Arts and Women's Art Movements in the US）等

表 7-5　美国五姐妹学院的性教育课程概览

校别	课程门数	相关课程名称
威尔斯利学院	2	惠特曼时期美国性文化（Sexualities in Whitman's America）、20世纪欧洲的社会性别与性（Gender and Sexuality in Twentieth Century Europe）
史密斯学院	4	不守规矩的身体（Unruly Bodies），美国社会的性与社会性别（Sex and Gender in American Society），性与中世纪城市（Sex and the Medieval City），社会性别、性与大众文化（Gender, Sexuality and Popular Culture）
布林莫尔学院	1	性、社会性别与文化（Sex，Gender and Culture）

校别	课程门数	相关课程名称
蒙特霍利约克学院	2	性与女性作品（Sexuality and Women's Writing）、社会性别与动物本能（Gender and Animality）
瓦萨学院	1	文学与性别、性（Literature, Gender, and Sexuality）

三、研讨课程

美国本科教育具有重视研讨课（Seminar）的传统，自然"五姐妹学院"也不例外。五校针对妇女、社会性别议题或综合性专题，设置了多门研讨课（见表 7-6）。这在妇女 – 性别研究机构或其他各院系都有明显表征。

表 7-6　美国五姐妹学院妇女 – 性别研究专业的研讨课程概览

校别	本院系开设的研讨课		其他院系开设的研讨课	
	门数	代表性课程	门数	代表性课程
威尔斯利学院	2	全球女权主义（Global Feminisms）、性的历史（History of Sexuality）	9	北欧艺术（The Art of Northern Europe）、女性主义经济学（Feminist Economics）、科学界的女性：她们的生活与工作（Women in Science: Their Lives and Work）、妇女与法律（Gender and Law）、妇女与发展（Women and Development）、女权主义政治理论（Feminist Political Theory）、现代哲学研讨：启蒙运动中的妇女（Seminar in Modern Philosophy: Women of the Enlightenment）

校别	本院系开设的研讨课		其他院系开设的研讨课	
	门数	代表性课程	门数	代表性课程
史密斯学院	5	近代东亚妇女与社会性别（Women and Gender in Early Modern East Asia）、美国妇女史研究（Research in United States Women's History）、性别和社会变迁（Gender and Social Change）、人类学话题：身体（Topics in Anthropology：The Body）		犹太信仰与文化：犹太教、女权主义和宗教政治（Problems in Jewish Religion& Culture：Judaism，Feminism，and Religious Politics）、中世纪今日话题：西方伊斯兰教（The Middle Ages Today Topic：Islam in the West）、国际政治与比较政治研讨（Seminar in International Politics and Comparative Politics）
布林莫尔学院		（不详）		（不详）
蒙特霍利约克学院		（不详）		（不详）
瓦萨学院	1	中国和日本文学中的女人（Women in Japanese and Chinese Literature）		（不详）

第三节　日本女子高校女性课程设置

　　女性课程是日本女子高校区别于男女混合高校的显著特征。本节以御茶水女子大学、东京女子大学、同志社女子大学等为例，考察日本女子高校女性课程设置现状，分析其女性课程设置的基本特点及可资借鉴的经验。

一、日本女子高校女性课程设置概况

在日本，国家并没有统一规定大学的学部、学科和学位的名称，只要其通过了日本文部省的审批就可以开设专业。可见，日本的大学在学科设置上也有自主的空间，即使是"家政学"下设的科系也是不相同的。例如，日本女子大学的"家政学"下设儿童学科、食物学科、居住学科、被服学科、家政经济学科。

儿童学科是立足于儿童的视角研究儿童及儿童的生活。开设的课程有"儿童教育论""儿童文学""小儿保健学""儿童环境论""小儿营养学""儿童与运动"等。"食物学科"顾名思义就是研究食物的学科，开设的课程有"食品学""营养学""食品机能学""健康增进科学""调理学""膳食文化论""粮食经济"等。"居住学科"就是建筑学科，开设的课程有"日本住居史""基础制图""空间设计基础""居住环境""居住生活学""日本建筑史""建筑构造"等。"被服学科"即服装设计学科，开设的课程有"衣服科学概论""衣材料学""服饰设计""色彩环境论"等。"家政经济学科"是以社会学和经济学的角度思考并解决生活中的各种各样的问题的学科，开设的课程有"经济学""家计费论""生活与情报""消费者政策""家庭管理论"等。但御茶水女子大学的生活科学学部则与日本女子大学家政学部不同。御茶水女子大学生活学部下设食物营养学科、人类环境科学科、人类生活学科。其食品营养学科主要课程有"调理科学""食品化学""临床医学""公众营养学"等；人类环境科学科主要课程有"人类环境科学论""环境科学""建筑一般构造"等。人类生活学科主要课程有"家族社会学""人类生活论""儿童学概论""生活社会学"等。

四年制的女子高校课程围绕女性人才培养目标设置，想要培养怎样的女性人才就开设怎样的课程，通过必修、选修的方式供学生选择。其中，必修课一般都是核心课程，是明确规定必须修读的课程。选修课学生可以根据自己的兴趣选择学习，达到一定的学分即可。选修课不局限于自己专业范围。通常情况下，四年制大学前两个学年主要以课程学习为主，后两个学年主要进行实习和毕业论文或设计，第三学年也会开设少量课程。

以日本女子大学家政学部的家政经济学科为例。新生入学第一学年开设的专业必修课程有"经济学入门""生活经济学入门""生活·家庭管理论""女性劳动论"等；选修课程有"经济学史""生活与情报""生活文化论"等。第二学年开设的专业必修课程有"家计费论""社会保障论""生活·家庭管理论""女性劳动论"等，选修课程有"经济原论""财政学""历史与经济""生活与民法"等。第三学年开始多半进入实习，课程减少，专业必修课程有"经济·经营实习""公共·生活实习"等，选修课程有"金融论"等。第四学年依然进行"经济·经营实习""公共·生活实习"和"毕业论文"或"毕业设计"。

学科制和讲座制是日本大学普遍实行的授课形式。学科制是以班级为单位进行授课的形式，有固定的课时和固定的时间、地点。

讲座制是围绕专业领域里某个问题通过讲座形式进行学习。讲座制是日本大学主流的授课形式，它具有灵活性、师生互动性强、知识前沿性等特点，故深受大学生的普遍欢迎。

在专业设置上，日本女子高校与男女共学大学没什么区别；但是，在专业课程设置中，女子高校会更多根据专业内容开设与女性相关的一些课程。日本大学的"全学共通课程"就是我国大学的所谓通识课程，这类课程一方面教给学生走入社会必需的外语、计算机、交流能力、判断力等基本知识技能；另一方面在学生学习专业课程之外开设综合性知识课程，拓宽学生的视野，培养其人文素质。

在日本男女共学大学的"全学共通课程"中，很少开设与女性相关的课程（同志社大学就是典型代表），而女子高校的"全学共通课程"一般会开设与女性相关的课程。例如，同志社女子大学在专业课程、全学共通课程两个层面上都分别开设女性相关课程，正是这些课程构成了具有女子高校特色的"女性课程"。

日本女子高校课程分为"全学共通课程"（或译作"共通教养教育科目"）和专业课程（或译作"专门教育科目"），这两大类课程又包括必修课、指定选修课、自由选修课三种类型（与我国高校相似），由此构建适用于本校学生发展、体现本校特色的课程体系。这从同志社女子大学和同志社大学的社会学部设置的女性相关课程可见一斑（见表7-7）。

表 7-7　同志社大学与同志社女子大学社会学专业的女性相关课程对比

课程分类	同志社大学	同志社女子大学
社会学学科专业课程	性别社会学	女性史 女性与领导力 女性与社会保障 性别论 性别社会心理学
全学共通课程	无	女性与社会 日本女性史 外国文学与女性 A 外国文学与女性 B 日本文学与女性 女性相关医学知识

同志社大学社会学学科开设的专业课程中只有《性别社会学》这一门与女性相关的课程，而且该课程只是作为一类典型的社会问题进行教学，是社会学学科的拓展课程之一，社会学专业的学生可以选修。同志社大学的"全学共通课程"没有开设与女性相关的课程。

相比之下，同志社女子大学社会学学科开设的女性课程比较多。在社会学专业课程中开设"女性史""女性与领导力""女性与社会保障""性别论""性别社会心理学"等，其"全学共通课程"有"女性与社会""日本女性史""外国文学与女性 A""外国文学与女性 B""日本文学与女性""女性相关医学知识"等课程。

比较两所大学课程设置发现，同志社女子大学比同志社大学更注重女性相关课程的开设，这些与女性相关的课程是区别于男女共学大学的显著特点。这也从侧面反映日本男女共学大学的课程设置更多是以男生为中心，容易忽略女生在课程设置上的特殊需求。由于女子高校是专门服务于女生成长的高校，故在课程设置上能更多地考虑女生的特殊需求，开设男女共学大学少有的"女性课程"，实行因性别施教，增强女生性别意识，提升女性综合素质，培养学生健全的人格。

二、日本女子高校女性课程设置分析

（一）日本女子高校女性课程目标

日本的大学拥有对课程设置的相对自由的权利，所以每所女子高校会根据自身对培养女性的定位，课程也会通过自己的侧重点来体现自己学校的教育目标。纵观日本女子高校的女性教育目标，主要有两种类型：一种是"培养女性精英"，另一种是以"培养自营自立的女性"。下面以御茶水女子大学和东京女子大学为案例，试对日本女子高校女性课程培养目标进行分析。

1. 培养女性精英的课程目标——以御茶水女子大学为例

日本仅有两所国立女子高校，一所是御茶水女子大学，另一所是奈良女子大学。这两所国立女子高校建校的初衷都是为了支持与促进女子高等教育的发展。但是，随着女性社会参与度和社会地位的提升，国立女子高校的教育目标开始转变，"培养女性精英"的教育目标就是顺应社会的需求。近些年来，日本女子高校也遇到了发展瓶颈。

御茶水女子大学在日本女子高校中独占鳌头，具有很大的影响力。御茶水女子大学的口号是"作为所有具备学习意愿的女性实现真挚梦想的场所而存在",其教育理念是"培养具有高素质和高度专业能力的女性精英"。御茶水女子大学所要培养的"女性精英人才",必须具有国际视野、专业素养及高深学问,在接受专业知识与训练的同时,也能适应时代发展、社会需求,能够正确认识自己。

为了达到上述培养目标,除对学生进行专业知识的传授与训练外,御茶水女子大学还在"全学共通课程"中开设了诸多女性课程,这些课程目标旨在以女性学的视角,培养学生独立思考、判断及行动,培养女性领导力,包括以下方面内容:为女性思考问题及女性学相关课程提供理论基础;培养女性应对社会的行为能力、判断能力及法律意识;培养女性领导能力;培养女性对生活及职业的规划设计及执行能力(见表7-8)。

表 7-8　御茶水女子大学的教育理念、女性课程目标及其女性课程类型

学校名称	教育理念	女性课程目标	女性课程类型
御茶水女子大学	培养具有高素质和高度专业能力的女性精英	为女性思考问题及女性学相关课程提供理论基础	性别学 性别学实习 比较女性史
		培养女性在应对社会中的行为能力、判断能力及法律意识	和平与共生演习 国际共生社会论实习 职业女性的权力与地位
		培养女性领导能力	女性精英养成 团体合作与管理 性别与政治
		培养女性对自己生活及职业的规划设计及执行能力	生涯规划教育 职业生涯规划与生活规划

虽然御茶水女子大学的"女性课程"只占"全学共通课程"的一小部分，但是其"培养女性的领导能力"的教育目标与"培养女性精英"的办学理念高度契合，也就是围绕学校的教育理念开设相应的女性教育课程。御茶水女子大学一直引领着日本女子高校的发展方向。

2. 培养自营自立的女性的课程目标——以东京女子大学为例

校本部位于东京都杉井区的日本东京女子大学是一所私立女子高校，其教育理念是"珍惜对待每一位学生，通过以基督教为基础的自由教育，传授深厚教养和专业能力，培养崇尚真理与和平，能够给人类社会做贡献的女性"。

为培养能为人类、社会的问题解决作出贡献的女性，东京女子大学在"全学共通课程"中设置了一系列"女性的生存力教育"课程（见表7-9）。这些课程目标旨在传授从女性学和性别论视角理解社会、文化和历史的相关知识，培养女生从性别论视角分析社会现实问题的能力，掌握在男女平等的社会中自立的知识和能力（如法律意识与维权能力等）。东京女子大学"女性的生存力教育"课程也成为其作为专门女子教育的一大亮点。

如前所述，日本女子高校的女性教育目标主要有培养精英女性和培养自营自立女性两大类，但大部分日本女子高校的定位是第二种，即培养"自营自立的女性"。虽然同类女子高校的教育理念和教育目标相同，但是各自的目标表述及其课程实践也有所不同。例如，昭和女子大学的教育理念是"培养以品格品位、礼节才智为社会做贡献的女性"，但其女性课程的目标侧重在培养女性参与社会的能力和对社会问题的分析能力上，并未强调"女性学理论"的重要性，也没有开设与女性学相关的理论课程。这和东京女子大学女性课程注重运用女性学视角分析和解决问题有明显的不同。

表 7-9　东京女子大学的教育理念、女性课程目标和女性课程类型

学校名称	教育理念	女性课程教育目标	女性课程类型
东京女子大学	珍惜对待每一位学生，通过以基督教为基础的自由教育，传授深厚教养和专业能力，培养崇尚真理与和平，能够带给人类福祉的女性	培养运用女性学视角的能力	女性学 性别论
		培养女性从女性学的视角，分析社会现实问题的能力	女性生涯规划 共生社会与性别 团体形成与性别 现代家族与性别
		培养女性掌握在男女平等的社会中能够自立的知识能力	国际援助与性别 国际社会与女性人权 现代女性与法 女性与福祉 女性与表现力 女性与幸福感

（二）日本女子高校女性课程结构

与男女共读大学相比较，日本女子高校因为其单一女生的特点，更加注重女性课程的开设。女子高校中开设的女性课程一般以选修课形式体现，不同专业会开设具有本专业特点的女性课程，其他专业的学生也可以根据兴趣选修。因此，加上"全学共通课程"中开设的女性课程，日本女子高校实际开设了比较丰富的女性课程，即某种程度上形成了女性课程体系。

1. 女性课程组织结构

女子高校女性课程围绕培养特定规格的女性人才，按一定比例及逻辑顺序将各门女性特色课程进行排列组合，使这些特色课程的实施统一指向培养目标，形成了女子高校独有的女性课程体系（见图 7-1）。根据苏联数学家马库雪维奇的信息储存模式，可勾勒出女性课程体系的球体模型。此课程模型由内层的核心课程、中层的基础课程、外层的外围课程三个层次构成。

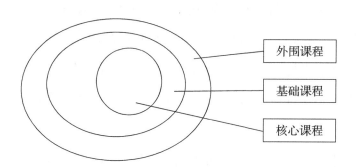

图 7-1 女子高校独有的女性课程体系

核心课程居于女性课程体系的核心地位，主要传授女性教育的基本理论与方法。以同志社女子大学为例，女性核心课程主要开设"国际性别论""性别论""女性史""日本女性史"等女性理论类和历史类课程。基础课程处在核心课程与外围课程之间，在中间起着衔接的作用，课程内容带有基础性。同志社女子大学主要开设"女性与社会""性别社会心理学""女性人生设计与生涯规划""女性与领导力""女性与法律""性别与沟通"等女性基础课程，旨在使学生掌握一些女性基础知识并培养运用社会性别的视角思考和解决问题的能力。外围课程居于次要地位，是为弥补核心课程的不足、通过不断吸收新内容而形成的课程，具有很强的实用性。同志社女子大学主要开设了"女性与社会保障""女性企业家论""女性相关医学知识""外国文学与女性""日本文化与女性"等外围课程，这些是对女性核心课程和基础课程的有益补充。女性核心课程、基础课程和外围课程是相辅相成的，三者有机结合构成日本女子高校女性课程的有机整体。

日本女子高校的课程设置并非一成不变，而是不断动态地进行改革调整。例如，明文规定家政课不再专门为女性而开设，强调男女共同学习。随着日本女性自立意识不断增强，女子高校教育理念实现了由培养"贤妻良母"向培养"为社会作贡献的女性"的转变。为了满足当下女性的现实需求，日本女子高校女性课程带有自身的目的性。

通过对三所日本女子高校女性课程的内容进行比较发现（见表7-10），日本女子高校女性课程构成的每部分内容大致是固定的。核心课程部分一般是由"性别论"和"性别史"构成，但部分学校因前身是教会学校，会添加一部分宗教课程。例如，东京女子大学专门开设了"基督教与女性"方向的选修课程。基础课程部分一般由围绕政治、经济与社会等与女性相关的主题课程及女性生涯规划课程构成。外围课程则包括与女性相关的综合基础知识类课程和体育保健类课程。在基础课程中，"女性问题相关研究"的课程包括女性学理论、社会、法律等方面的课程，基本上是女性学与其他领域相互结合的跨学科课程，目的是培养学生运用女性学理论认识问题和解决问题的能力。

表 7-10　日本三所女子高校的女性课程结构与内容

课程分类	东京女子大学	御茶水女子大学	同志社女子大学
核心课程	女性学 妇女运动史 基督教与女性	性别学 女性史	性别学 女性史
基础课程	法律、家庭、社会、职业等与女性	政治、社会、职业等与女性 女性精英养成课	社会、法律与女性 女性心理学 领导力培养课程
外围课程	女性体育保健 女性身心调适	女性生理保健	女性社会保障 女性基础医学知识 文学与女性

日本女子高校的女性课程根据内容可以分为"女性论""女性史"（核心课程）、"女性问题相关研究""女性生涯规划"（基础课程）、"女性综合基础知识"和"体育保健"（外围课程）六种类型。这六类课程构成日本女子高校女性教育课程体系。这种课程结构有利于学生按自己的知识结构和兴趣选课，有利于培养学生自我学习规划能力，有利于学生均衡发展。

2. 女性课程学分结构

20 世纪 80 年代以来，日本女性学迅速发展，成为研究各层面问题的一个基本视角，教给女生如何从女性视角看问题。但是，女性课程在日本女子高校课程体系中所占的学分比例较低。除"体育保健课程"是必修课程外，其余女性课程几乎都以选修课形式开设。

从课程性质来看，在日本女子高校的女性课程中，必修课占学分比例很小，学分占 2~4 分（见表 7-11）；一般是体育保健课程，前身为教会学校的学校会把宗教课程列为必修课程。女性课程几乎都是以选修课形式出现，占整个女性课程的 90% 左右。

表 7-11　日本三所女子高校的女性课程所占学分及比例

课程分类		东京女子大学		御茶水女子大学		同志社女子大学	
		36 学分	百分比	41 学分	百分比	34 学分	百分比
课程性质	必修课程	4 分	11%	3 分	7%	2 分	6%
	选修课程	32 分	89%	38 分	93%	32 分	94%
课程结构	核心课程	4 分	11%	6 分	15%	8 分	24%
	基础课程	20 分	56%	26 分	63%	14 分	41%
	外围课程	12 分	33%	9 分	22%	12 分	35%

从课程结构来看，在日本女子高校的女性课程中，核心课程开设了 2~4 门，包括"女性学""女性史"课程，学分占 4~8 分。这意味只设了一门基本理论课程供学生选择。外围课程开设了 3~4 门，学分占 9~12 分。外围课程多半是女性常识性知识、女性修养方面的课程，它是女性课程的重要补充。外围课程的目标也可以通过社团活动达成。在女子高校的艺术、家政等专业中，也专门设置这方面的课程供学生选修。

由表 7-12 展示的日本三所女子高校女性课程来看，女性课程相对集中在基础课程，分别占到学分的 56%、63%、41%，而且这些基础课程主要是女性学与政治、经济、社会等领域结合形成的交叉课程。御茶水女子大学是三所女子高校中女性课程学分最多的学校。该校女性课程群共开设 20 门课程，学分有 41 分，占全部课程的 1/5。这些女性课程在"全学共通课程"中作为选修课由全校学生根据兴趣选修。

（三）日本女子高校女性课程内容

通过分析日本一些女子高校的课程结构不难发现，其女性课程开设大致分为分散式和集中式两种类型，大多数女子高校实行分散式女性课程设置。

1.分散式女性课程

分散式女性课程是指女性教育课程分散在"全学共通课程"和"专业课程"之中。在"专业课程"中女性课程较少，多是专业理论与女性问题相结合的学科交叉课程。更多的女性课程分布在"全学共通课程"中，并且集中在基础课程模块，以选修方式进行；它们可能是专业课程的基础入门课，也可能是学科交叉课程。

职业生涯教育是帮助大学生规划自身学业和未来职业的一种综合性教育活动。相对于其他普通高校，日本女子高校的职业生涯教育有其特殊性，课程通常会根据女大学生的身心发展特征设计，具有较大程度的量体裁衣、因材施教的属性，有利于女大学生实现职业梦想。

例如，东京女子大学的女性基础课程围绕女性生存力展开，旨在提升女性的自立能力与社会意识，课程终极目的是帮助女性正确认识自己、规划职业生活，这同"职业生涯规划"模块课程有一定重合。"职业生涯规划"模块开设了"女性职业生涯规划"和"共生社会与性别"两门课。

相较东京女子大学（见表7-12），实践女子大学的"职业生涯规划"课程开设得更系统，做到了理论教学与实践活动并重。其中，

"女性与文学"根据不同文学主题设计相应内容。社会发展日新月异，职业生涯规划能力不可或缺，但未来生涯不确定性强，故职业生涯教育也只是提供相关案例供学生们参照。

表 7-12   东京女子大学与实践女子大学女性课程对照表

		东京女子大学	实践女子大学
核心课程	女性学、女性史	女性学 女性史	性别论 A 性别论 B 女性学
基础课程	女性相关研究	团体形成与性别 国际援助与性别 国际社会与女性人权 现代女性与法律 现代家庭与性别 女性与福祉 女性福祉论 性别与经济学 共生社会与性别	女性心理 女性社会论 A 女性社会论 B 女性与社会劳动 女性与语言学
	生涯规划	女性生涯规划	职业生涯规划 全球职业规划 职业生涯开发实践 职业实践演习 女性与职业
外围课程	综合基础知识	女性与表现力 女性与幸福感 女性身心调适 女性健康科学 女性体育医学基础知识	女性与古典文学 女性与文学 女性与健康 女性与英语圈文学 A 女性与英语圈文学 B
	体育课程	女性健康·身体运动 I 女性健康·身体运动 II	身体运动课程

2. 集中式女性课程

为了增强学生未来职业和社会生活的适应性，加强女大学生职业生涯规划能力，女子高校还推出女性职业生涯教育项目或第二专业课程。如果选修相应课程并达到相关要求，学校会颁发相应证书，作为以后寻找工作时的能力证明。当然，此类项目课程也会在"共通课程"中开设，或根据兴趣选修有关课程，计入毕业总学分之中。

（1）以项目形式开设女性课程。把女性课程作为一个研究项目来设置，其中课程也分布于"共通科目"之中，但是其背后有一个专门的项目进行支撑。女性课程作为这个项目的核心课程，意在有体系、有目的地培养女性的社会竞争力。为了能够系统地培养女性的社会竞争力及提高相关素质，女子高校也会系统地规划其课程，包括核心课程、一般课程和专业课程等部分。而核心课程或基础课程就是女子高校的女性课程。这里以昭和女子大学和御茶水女子大学为案例进行简要分析。

昭和女子大学设立了由核心课程、一般教养课程和专业课程组成的"职业生涯规划课程体系"，目的在于通过理论学习与实践，帮助学生树立正确的就业观，养成生涯中自我规划的能力，成为具有国际视野、深厚教养和职业伦理观的新时代人才。昭和女子大学的职业生涯规划的核心课程是其女子课程，包括"实践伦理"（职业生涯规划）、"女性生存与社会""女性与职业生涯形成""女性与职业生涯开发""女性与社会""企业和社会的规则"等。其中指定在"女性生存与社会""女性与职业生涯形成""女性与职业生涯开发"

三门课程中必须选修一门，而"女性与社会""企业和社会的规则"是任意选修课。

御茶水女子大学设立了"职业生涯规划项目科目群"（包括课程和能力评价两部分），目的是使学生有针对性地规划自己在校期间学习的课程，开发学生未来的职业能力。参与该项目的每个学生有自己的专用网络评价页面，用来保存和记录个人的数据并进行自我分析。课程分为"基干科目群"和"关联科目群"，"基干科目群"就是御茶水女子大学特有的女性课程，"关联科目群"旨在培养学生的专业能力与技能。该校"职业生涯规划项目科目群"进一步分为"双向的活动课程""自律的活动课程""协同的活动课程"三部分来开发培养学生的职业能力。

（2）以第二专业形式开设女性课程。日本女子大学是研究女性学的主要力量，但在本科阶段，很少有大学设置女性学专业，在硕士以上的程度会开设女性学之类的专业。有些学校开设女性学相关的第二专业（副专业）。下面以日本女子大学为例进行分析。

日本女子大学有东西两个校区，此以目白校区为例。该校区开设的与女性学有关的第二专业称之为"现代女性与职业生涯关联专业"。此第二专业的女性课程是分散开设的，有"现代女性论""现代男性论""日本的女性史""世界的女性史""女性与身体""女性与职业"六门核心课程，选修课程包含"女性文化关联科目"，如"女性学""性别的社会史""女性与国家""女性与法律""女性与艺术"等女性课程。修读方式、要求与学校的"全学共通课程"一样。学校鼓励学生参与项目形式的课程或第二专业课程，但并不强制修习。

　　总之，女性教育课程是日本女子高校区别于其他大学的显著特征。本节以御茶水女子大学、东京女子大学、同志社女子大学等为案例，系统考查日本女子高校女性课程设置现状，分析其女性课程设置的基本特点和可资借鉴的经验。日本女子高校的教育目标主要有"培养女性精英"和"培养自营自立的女性"两类。虽然不同女子高校的教育理念和课程目标有异，但是其女性课程设置大致有以下一些共同点：课程目标多半定位在培养女性的职业能力；以与人文社科类相结合的交叉课程为主；课程形式以选修课或指定选修课为主；一般由大学的女性学研究中心支撑等。日本的女子高校核心课程开设 2~4 门、占 4~8 学分，"女性学""女性史"是其核心课程的代表。相较于美国女子高校的女性课程设置，日本女子高校女性课程数量相对较少。随着社会需求的变化和女性研究的逐步深入，日本女子高校的女性课程设置也会不断调整优化。❶

第四节　韩国女子高校女性课程设置

　　本节主要以韩国梨花女子大学等为例，考查韩国女子高校的教育理念及其在课程设置上的体现。韩国女子高校一般都根据女性温和的性格特征，践行以基督教精神为基础的教育理念。例如，梨花女子大学以基督教式的"真、善、美"为校训，淑明女子大学以"正肃、贤明、正大"为校训，诚信女子大学以"诚信、知新、自

---

❶ 陈梦娴 . 日本女子大学女性课程设置研究 [D]. 杭州：浙江师范大学，2015：24-38.

动"为校训，首尔女子大学"以基督教精神为基础，进行知识、道义、技术教育"为校训等。各女子高校在专业和课程设置上也力图体现这种办学理念。

一、梨花女子大学的教养课程设置

韩国梨花女子大学（以下简称"梨花女子大学"）是韩国第一所女子高校，也是公认的亚洲和世界最好的女子高校之一，其代表韩国女子高等教育的最高水准。该校于1886年创建，以产出"韩国总统夫人"而闻名。谈到梨花女子大学的课程设置，不得不说其教育理念和教育目标定位。梨花女子大学秉持基督教式的"真、善、美"的教育理念，致力于培养本国和全球性女性领导者的教育目标，非常重视学生的"创造和谐社会的领导力"，力图使毕业生具有基督教式的完善人格、奉献精神和专业学术知识。

具体来讲，梨花女子大学本科段培养目标定位如下：①培养为国家和世界的利益付出爱心和奉献的人格；②培养进取、开拓精神的领导力；③培养全球化、信息化时代需要的学术探究能力与实践能力；④培养解决未来社会问题的批判性思维。

在专业设置和招生上，梨花女子大学与其他女子高校相似（淑明女子大学、首尔女子大学、诚信女子大学），即以语言文学类、行政与社会服务类、食品与健康类、音乐与舞蹈类、绘画与设计类为主，同时设有理工科类的数学、统计学、化学、工程学等专业。

主要区别是，梨花女子大学秉持个性化教育理念，在专业和课程选择上实行灵活变通的学习制度。不仅在专业设置上给学生一定的自由度，而且在选课上注意满足学生的兴趣。这与梨花女子大学的教育目的与理念十分契合。

韩国高校的"教养课"相当于我国高校的公共课程，只是相较于我国多数高校，给予学生选择的余地可能性更大，并在一定程度上体现各高校的个性特点。通常韩国高校公共课程包含人文社会科学、自然科学、艺术美学和体育科学等系列或领域。基于各校不同的办学理念和目标定位，公共必修课程设置呈现一定的差异。

就梨花女子大学来说，本科生在校期间要求修满 132 学分，包括大学基础必修课 6 学分、教养课程 24 学分、专业必修课 48 学分、专业基础课 18 学分、其他课 36 学分。学生每学期至多可修习 18 学分。

表 7-13 体现了韩国梨花女子大学的公共课设置情况。该校为新生开设"基督教与世界""国语与写作""英语"教养必修课。"基督教与世界"旨在满足基督教式的"真、善、美"这一教育目的而设置，"国语与写作"旨在培养学生本民族文字表达能力。虽然"英语"也是教养必修课，但可以根据托福考试成绩申请免修。例如，TOEFL iBT 成绩达到 105~115 分的可免修"大学英语"课，TOEFL iBT 成绩达到 115 分以上的可免修"高级英语"课。然后，学生们还要从人文科学、社会科学、自然科学、艺术美学等领域课程中选修除本专业以外的三门课程，每门课程合格分别获得三个学分。

表 7-13 梨花女子大学的教养课程设置

教养课程类别	教养课程名称与学分数	学分数
教养必修课	国语与写作（3） 英语（3） 基督教与世界（3）	9
	从人文学、社会科学、自然科学、艺术美学领域课程中选择除本专业以外的 3 门课程，每门课程 3 学分	9
教养选修课	文学与语言类 12 门课程 人类与思想类 18 门课程 历史与社会类 20 门课程 自然与环境类 15 门课程 科学与技术类 15 门课程 女性与世界系列 15 门课程 艺术与体育类 21 门课程 从以上 116 门课程中选 3~4 门课程，每门课程 3 学分	9~12

二、韩国其他五所女子高校的公共课

除梨花女子大学之外，韩国其他女子高校的公共课（教养课）设置也都较好体现了办学理念和培养目标的特点，并且都开设了女性教育选修课程（见表 7-14）。

表 7-14 韩国五所女子高校教养课程设置

学校名称	教养必修课		教养选修课		其中女性教育选修课		教养课学分基数
	门数	学分数	门数	学分数	门数	学分数	
淑明女子大学	5+1	12	13	26	10	2	42~44
德诚女子大学	5	12	76	35	4	2	36
东德女子大学	13	33	68	30	8	4	45

学校名称	教养必修课		教养选修课		其中女性教育选修课		教养课学分基数
	门数	学分数	门数	学分数	门数	学分数	
首尔女子大学	7	22	75	18	4	2	46
诚信女子大学	10	27	71	25	不详	不详	42

资料来源：韩国有关高校 2014 年和 2015 年招生简章（中文版）。

五所韩国女子高校教养（公共课）具体的课程名称、必修和选修及学分要求如下。

（一）淑明女子大学：在校生需要修满公共课 42~44 学分

淑明女子大学在校生需修满公共课 42~44 学分。公共必修与选修课具体要求如表 7-15 所示。

表 7-15　淑明女子大学公共必修与选修课要求

课程性质	课程名称	学分数	开出选修课
必修	韩语	2 学分	—
	作文	2 学分	—
	英语阅读与写作	2 学分	—
	英语听力与会话	2 学分	—
	第二外语	4 学分	—
	韩国史领域	2 学分	5 门课程
选修	语言	2 学分	6 门课程
	文学	2 学分	15 门课程
	哲学与宗教	2 学分	8 门课程
	历史与文化	2 学分	6 门课程
	教育与心理	2 学分	11 门课程

课程性质	课程名称	学分数	开出选修课
选修	政治与法律	2学分	11门课程
	经济与经营	2学分	7门课程
	一般社会科学	2学分	8门课程
	基础科学	2学分	12门课程
	应用科学	2学分	19门课程
	音乐	2学分	10门课程
	美术	2学分	14门课程
	体育	2学分	4门课程
	女性与生活	2学分	10门课程

（二）德诚女子大学：在校生需要修满公共课36学分

德诚女子大学在校生需修满公共课36学分，公共必修与选修课具体要求如表7-16所示。

表7-16　德诚女子大学公共必修与选修课要求

课程性质	课程名称	学分数	开出选修课
必修	韩语文学入门讨论	2学分	—
	哲学入门讨论课	2学分	—
	研究方法与论文写作	2学分	—
	教养读书讨论课	4学分	—
	体育	2学分	—
选修	文学	2学分	3门课程
	美术	2学分	5门课程
	音乐	2学分	4门课程
	文学史	2学分	3门课程

续表

课程性质	课程名称	学分数	开出选修课
选修	哲学	2学分	7门课程
	社会与文化	3学分	5门课程
	法律与经济	3学分	7门课程
	政治	2学分	7门课程
	自然科学Ⅰ	3学分	4门课程
	自然科学Ⅱ	2学分	4门课程
	外国文化	2学分	4门课程
	外国语Ⅰ	3学分	6门课程
	外国语Ⅱ	3学分	6门课程
	女性	2学分	4门课程
	教育	2学分	4门课程
	工具课程	2学分	7门课程

（三）首尔女子大学：在校生需要修满公共课46学分

首尔女子大学在校生需修满公共课 46 学分，公共必修与选修课具体要求如表 7-17 所示。

表 7-17　首尔女子大学公共必修与选修课要求

课程性质	课程名称	学分数	开出选修课
必修	韩语Ⅰ、Ⅱ	4学分	—
	英语Ⅰ、Ⅱ	6学分	—
	第二外语Ⅰ、Ⅱ	4学分	—
	生活体育Ⅰ、Ⅱ	2学分	—
	基督教概论	2学分	—

课程性质	课程名称	学分数	开出选修课
必修	汉语言文学	1学分	—
	社会领导者训练Ⅰ、Ⅱ、Ⅲ	3学分	—
选修	文学	2学分	12门课程
	美术与音乐	2学分	7门课程
	韩国史与东西方历史	2学分	7门课程
	哲学	2学分	7门课程
	社会科学	2学分	17门课程
	思想、理念	2学分	6门课程
	自然科学	4学分	15门课程
	伦理	2学分	4门课程
	女性学	2学分	4门课程

（四）东德女子大学：在校生需要修满公共课45学分

东德女子大学在校生需修满公共课45学分，公共必修与选修课具体要求如表7-18所示。

表7-18　东德女子大学公共必修与选修课要求

课程性质	课程名称	学分数	开出选修课
必修	韩语	3学分	—
	作文	2学分	—
	基础英语精读	2学分	—
	Doing English A	1学分	—
	Doing English B	1学分	—
	教养电算	1学分	—
	社会服务	1学分	—

续表

课程性质	课程名称	学分数	开出选修课
选修	伦理学与哲学	2学分	4门课程
	历史	2学分	4门课程
	价值与理念	2学分	4门课程
	文学	2学分	4门课程
	艺术	2学分	4门课程
	社会科学Ⅰ	2学分	4门课程
	社会科学Ⅱ	2学分	4门课程
	经济	2学分	4门课程
	自然科学Ⅰ	2学分	4门课程
	自然科学Ⅱ	2学分	4门课程
	外国语Ⅱ-1	2学分	8门课程
	外国语Ⅱ-2	2学分	8门课程
	生活文化	2学分	4门课程
	女性教养Ⅰ	2学分	4门课程
	女性教养Ⅱ	2学分	4门课程
	特殊兴趣	2学分	4门课程
	体育	2学分	4门课程

（五）诚信女子大学：在校生需要修满公共课42学分

诚信女子大学在校生需修满公共课42学分，公共必修与选修课具体要求如表7-19所示。

表 7-19　诚信女子大学公共必修课与选修课要求

课程性质	课程名称	学分数	开出选修课
必修	韩语	3 学分	—
	英语阅读	2 学分	—
	英语会话	1 学分	—
	第二外语	3 学分	—
	韩国文化史	3 学分	—
	西方文化史	3 学分	—
	东方哲学	3 学分	—
	西方哲学	3 学分	—
	科学与生活环境	3 学分	—
	传统生活文化与伦理	3 学分	—
选修	人文、社会、教育系列	12 学分	40 门课程
	自然科学、生活科学系列	8 学分	6 门课程
	音乐、美术、体育系列	5 学分	25 门课程

综上所述，韩国女子高校的女性学公共课设置呈系列性，如"女性与生活""女性与教养"等，课程内容比较丰富具体。以黎花女子大学为例，课程设置主要显现三个基本特点：其一，重视女生人格教育，这在较大程度上有别于我国女子高校注重专业教育的培养模式。其二，重视家庭生活教育，而我国多数女子高校未将此类课程提到应有地位。其三，课程选择的自由度较大，学生可根据自己的时间、兴趣和需求选择课程，如果想换课程，在每学期开学开讲之日起的五天之内，得到担任课程的教授的同意后可以更换课程。相比韩国，我国女子高校女性公共课程资源稍显不足，女性课

程特色不够鲜明。尤其在课程和专业选择上，比韩国女子高校的弹性和自主性要小。❶

第五节　美日韩女子高校课程设置启示

从上述对美日韩女子高校课程设置分析不难看出，三国女子高校大多数开设了比较丰富的女性教育课程，课程形式以选修课程或指定选修课程为主，跨学科、跨院系的交叉性课程比重大，包含妇女运动史、妇女－性别研究原理、妇女－性别研究方法等核心女性课程，学生有较大程度的选课自由等。同时，美国女子高校重视分种族、分地区妇女研究的课程，日韩女子高校相对重视女生职业能力和家庭生活能力的培养。借鉴美日韩等国女子高校课程建设的经验，我国女子高校课程建设与改革需要在以下几个方面发力。

一、树立正确的妇女观和性别公平观

女子高校的课程体系是在一定的教育观、妇女－性别观等指导下设计的，很大程度上也是各国特定时期妇女思潮和教育理念的反映。国情不同，女子高校教育课程设计理念也表现出不同的特点。女权主义是美国占主导地位的妇女观和性别观，韩国、日本也打上了女权主义烙印，但比美国温和；而我国倡导马克思主义妇女观，践行男

---

❶ 申先玉.韩国女子高等院校的专业设置与课程建构——以梨花女子大学为例 [J]. 山东女子学院学报，2015（1）：62-68.

女平等基本国策。因而，我国女子高校不能简单照搬西方某些国家的课程模式，课程设置必须坚持以习近平新时代中国特色社会主义思想为根本遵循，全面贯彻党的教育方针和男女平等基本国策，围绕培养社会主义建设者和接班人的总要求，把习近平总书记关于教育和妇女的重要论述及马克思主义教育观、妇女观落到培养方案和课程实践中去，体现中国特色社会主义女子高校的女性教育特色。

二、加大女性教育课程建设力度

美国"五姐妹学院"跨学科、跨院系的女性教育特色课程十分丰富，这与美国文理学院的办学理念相关，也与美国较深厚的妇女－性别研究积累相关。日本女子高校的人文社科交叉性女性课程也不少。韩国女子高校重视学生家庭生活教育课程。相对于美日韩三国，我国女子高校总体上女性教育课程建设乏力，女性教育课程资源不足，跨院系、跨学科女性课程偏少，分民族、分地区妇女－性别研究课程稀缺，对学生家庭生活教育重视不够等。要适应新时代高等教育教学改革要求，深化女子高校课程和教学改革，为提高女子高校人才培养质量、增强女子高校办学特色提供基本支撑。

三、加强女生生活技能和职业能力培养

与我国国情不同，美国"五姐妹学院"建校初衷不是增强女性就业能力，而是为了证实女性的潜能和才能，即"增加女性成为传统上男性占主导地位的领导人才的机会，增加女性成为科学工作者

和选举为官的机会，增加女性保持学术、职业和个人视野高屋建瓴的机会"❶。因而，这些美国女子高校排斥"家政课"。韩国、日本女子高校重视学生的职业能力和家庭生活教育。针对我国中小学阶段劳动和生活技能教育薄弱的现实，女子高校在培养"职业人"的同时要重视"准女人"教育，开发建设"源于女性"（of the females）"关于女性"（on the females）"为了女性"（for the females）的一系列显性和隐性课程、学科课程和活动课程、必修课程和选修课程，使女大学生毕业走出校门成家立业之后，既能从容应对职场和社会生活的各种挑战，又在面临夫妻关系、婆媳关系、子女教育等家庭问题时游刃有余。

❶ 时德生.中美女性高等教育理念比较研究 [J].美中教育评论，2006（6）：13-16.

第八章　我国女子教育研究

　　1995 年第四次世妇会对我国女子教育和妇女－性别研究的影响十分深远。这里以《中华女子学院学报》发表的专题论文、中国妇女教育蓝皮书和中国知网相关学位论文为样本，对近 30 年来我国女性教育研究现状进行了系统的整理分析，并对未来本领域研究的前景进行了展望。研究发现，1995 年第四次世妇会以来，我国女性教育研究总体上呈现出生机和活力，突出表现在研究队伍不断壮大、研究领域逐步拓宽、研究方法日益多样、研究成果逐渐增多。但是，也存在研究选题简单重复、研究成果创新不足、有组织攻关缺乏、重定性轻定量研究、对策建议操作性欠强等问题。新时代的女性教育研究，要自觉践行"两个结合"，加强有组织和跨学科研究，加强女性教育学理探究，重视男女均衡发展课题，建设中国特色学术话语体系，为教育强国建设和妇女事业发展作出新贡献。

　　"女子教育"是指以女性为教育对象的各级各类学校教育和正式社会教育，即各级各类学校的女生教育和专门女子学校教育（含独立设置和混合型女子高校、女子中学、女子中职学校、妇女干部学校和高校内设女子教育机构等）。故本章把"女性教育""女子教育""妇女教育"的研究都视作"女子教育研究",但侧重对女生教育、女子学校教育和性别意识教育的研究。

1995 年在北京召开的第四次世妇会,以及此后每五周年举办的纪念活动,极大地促进了我国妇女 – 性别研究,也推进了我国女子教育研究。《中华女子学院学报》是刊载女性教育类论文较多的权威学术期刊,《中国妇女教育发展报告》(妇女教育蓝皮书)是跟踪研究女性教育动态的专业权威图书,因此,本书以《中华女子学院学报》、中国妇女教育蓝皮书为主,以中国知网收录的女性教育博硕士学位论文为辅,系统梳理 1995 年以来我国女子教育研究的主要成果,围绕当前我国女子教育研究的焦点问题进行简要概述,并在此基础上对未来我国女子教育研究走向作前瞻性思考,进一步推动我国女子教育研究发展与繁荣。

第一节　1995 年以来我国女子教育研究概观

一、《中华女子学院学报》刊载女子教育研究论文分析

笔者对 1996—2020 年 120 多期《中华女子学院学报》共 358 篇女子教育研究论文进行了研究分析,按照研究领域、研究方法、研究人员等指标简要分析如下。

(一)研究领域

1996—2020 年《中华女子学院学报》刊发女子教育研究论文

约358篇，主要涉及女性教育基本理论、妇女教育史、当代外国妇女教育、教育性别分析（女性主义分析）、女校发展与管理、女校人才培养（含思想政治教育等）、女生因材施教、女大学生就业、大学女教师、高校性别意识教育、女性－性别研究学科化建设等选题（见表8-1）。其中，女校人才培养（含思想政治教育、课程和教学改革等）、女校发展与管理、女性－性别研究学科化建设、妇女教育基本理论等是学界持续关注的焦点，分别占论文总数的22.1%、15.1%、11.5%、10.9%；中外妇女教育史、高校性别意识教育、女生心理发展与因材施教育、女大学生就业创业等也受到一定程度的关注。

表8-1 《中华女子学院学报》（1996—2020年）女子教育论文涉及研究领域

类别	妇女教育史	外国妇女教育	教育性别分析	女校发展管理	女校人才培养	女生因材施教	女大学生就业	大学女教师	性别意识教育	女性学科建设	妇教基本理论	小计
数量/篇	27	15	10	54	79	26	24	17	26	41	39	358
占比/%	7.5	4.2	2.8	15.1	22.1	7.3	6.7	4.7	7.3	11.5	10.9	100

注：表中"妇教基本理论"主要指女性教育价值功能、女性教育本土化等论文。

（二）研究方法

分析《中华女子学院学报》女子教育研究论文发现，质性研究、量化研究两类方法都有体现，研究视角呈现多元化特点（见表8-2）。从表8-2来看，理论思辨是作者使用最频繁的方法（33.0%）；其次是经验总结（17.0%）、调查研究（12.0%）、社会性别分析（10.6%）

等方法；文献法及其他、历史研究、国际比较等也是常用的研究方法。

表 8-2 《中华女子学院学报》（1996—2020 年）女子教育论文主要研究方法

类别	理论思辨	经验总结	历史研究	调查研究	个案研究	国际比较	社会性别分析	文献法及其他	小计
数量 / 篇	118	61	28	43	22	23	38	25	358
占比 /%	33.0	17.0	7.8	12.0	6.1	6.4	10.6	7.0	100

注：对采用两种或两种以上研究方法的论文，仅选取其最主要的研究方法。

（三）研究人员

笔者对《中华女子学院学报》358 篇论文作者（或第一作者）所在的工作或学习单位、所从事的研究方向进行整理发现，女子高校（41.6%）和其他高校（39.1%）是女子教育研究的主力军，从事女子教育研究、妇女研究的作者分别占 33.5%、22.1%，其他研究方向的作者占 44.4%（见表 8-3）。

表 8-3 《中华女子学院学报》（1996—2020 年）女子教育论文作者单位及研究方向情况

类别	作者单位				研究方向		
	女子高校	其他高校	妇女干校	科研机构	教育研究	妇女研究	其他研究
数量 / 篇	149	140	49	20	120	79	159
占比 /%	41.6	39.1	13.7	5.6	33.5	22.1	44.4

整理《中华女子学院学报》358 篇论文发表时所注作者的职称和学位发现，近六成（58.9%）作者具有正高和副高专业技术职务，中

级及中级以下职称者占四成（41.1%）；近94%的作者具有硕士或博士学位，并且超过一半的作者具有博士学位（见表8-4）；而在十年前，具有博士学位的女子教育研究论文作者不到1/4。

表8-4 《中华女子学院学报》（1996—2020年）女子教育论文作者职称和学位分布

类别	职称分布			学位分布		
	高级职称	中级职称	初级职称或无职称	博士学位	硕士及其他	在读硕士生
数量/篇	211	103	44	179	156	23
占比/%	58.9	28.8	12.3	50.0	43.6	6.4

注：博士学位的作者没有包含在读博士生（视为硕士学位），硕士及其他学位的作者没有包含在读硕士生；在读硕士生仅指正在攻读硕士学位的作者。

二、已出版的妇女教育蓝皮书及相关研究成果分析

分析已出版的三本妇女教育蓝皮书《中国妇女教育发展报告NO.1（改革开放30年）》《中国妇女教育发展报告NO.2（女子院校发展）》《中国妇女教育发展报告NO.3（高等教育中的女性）》：在研究内容上，重在从社会性别视角对改革开放后我国女性教育发展状况进行审视（分教育阶段、分教育类型和分地区分析），对女子教育院校（分教育阶段和教育类型）进行分类研究，对高等教育的女性（含高校女教师、女领导、女大学生和研究生）、高校妇女－性别研究学科化或女性学建设进行专题研究等；在研究方法上，统计分析、调查研究（含问卷与访谈）、个案研究、国际比较、社会性别分析（含女性主义）等是最多采用的方法，努力做到实证研究与理论分析相结合。

分析三本妇女教育蓝皮书作者群体发现（见表8-5），与《中华女子学院学报》相似，高等学校（含女子高校和其他高校）教师和科研人员（含在读博士生）是女子教育研究的主力；与《中华女子学院学报》不同的是，研究者的学科专业分布更广泛，从事教育研究、妇女 – 性别研究和其他学科研究的作者比例大致3∶4∶3结构。这也凸显出女性与性别教育研究的多学科交叉和协同攻关特点。同时，研究队伍（作者群体）专业素养更高，基本都有高级职称（97.6%），绝大多数具有博士学位或博士研究生在读（87.8%）。

表 8-5　三本妇女教育蓝皮书 41 篇报告作者单位、研究方向、职称和学位等情况

类别	所属单位			研究方向			职称		学位	
	女子高校	其他高校	其他机构	教育研究	女性 – 性别研究	其他方向	高级职称	其他职称	博士学位	硕士及其他
数量 / 人	17	19	5	12	16	13	40	1	36	5
占比 /%	41.5	46.3	12.2	29.3	39	31.7	97.6	2.4	87.8	12.2

注：多位作者合作完成的成果取第一作者的单位、职称、学位等信息，高级专业技术职务含正副教授、正副研究员等，博士包括已获博士学位和在读博士生。

三、中国知网检索的女子教育研究博士论文分析

为了更深入了解 1995 年第四次世妇会以来我国女子教育研究的进展，笔者检索了中国知网中女子教育研究的学位论文（截至 2023 年 10 月 19 日），共搜索到篇目中含有"女性教育"或"妇女教育"或"女子教育"主题词的学位论文 629 篇。经过认真对比，去掉按"女性教育""女子教育""妇女教育"主题词检索的同篇名、同作者

的重复篇目，以及论文标题与正文内容不一致（即不属于女子教育研究）的篇目，实际检索到含有"女性教育"或"妇女教育"或"女子教育"主题词的硕士、博士论文 618 篇（见表 8-6）。其中，含有三个主题词的博士论文 28 篇（"女性教育" 14 篇、"女子教育" 11 篇、"妇女教育" 3 篇）；含有三个主题词的硕士论文 590 篇（"女性教育" 223 篇、"女子教育" 250 篇、"妇女教育" 117 篇）。

表 8-6　中国知网检索的女子教育研究主题的硕士、博士论文篇数

单位：篇

篇名主题词	博士论文数	硕士论文数	硕博士论文数合计
女子教育	11	250	261
女性教育	14	223	237
妇女教育	3	117	120
小计	28	590	618

　　分析 28 篇女子教育研究主题的博士论文，在研究内容上，首先是中国妇女教育史（特别是近现代妇女教育史）、外国妇女教育史、妇女教育基本理论是博士学位论文最多的选题；其次是当代国外女性教育、女校人才培养、女校发展管理等选题（见表 8-7）。在研究方法上，文献分析、调查研究（含问卷与访谈）、个案研究、口述史、历史分析、国际比较、哲学思辨、社会性别分析（含女性主义）等是最常用的方法。在学位授予上，多数被授予教育学（含教育史、教育原理、比较教育）博士学位（21 人），少数被授予历史学（3 人）、法学（2 人）、管理学（1 人）、艺术学（1 人）等学科博士学位。

表 8-7　中国知网检索的 28 篇女子教育研究博士论文的研究内容

单位：篇

中国妇女教育史	外国妇女教育史	妇女教育基本理论	当代国外妇女教育	女校人才培养	女校发展与管理	小计
9	6	6	3	2	2	28

第二节　1995 年以来我国女子教育研究综述

笔者基于《中华女子学院学报》刊发的女子教育研究论文、三本《中国妇女教育发展报告》和中国知网检索的女性教育博士学位论文，试从中国妇女教育史、新中国妇女教育、国外妇女教育、教育男女两性平等、女子院校发展、女学生发展、高校女教师、性别意识教育、女性 – 性别研究学科化等方面，对 1995 年第四次世妇会以来我国女子教育研究的焦点进行概述。

一、中国妇女教育史研究

曲剧对 1996—2005 年有关近代女子教育研究进行了梳理[1]，韩新路对近代女子教育思想进行了探讨[2]，陆慧分析了近代女子职业教育思想变迁[3]，蔡锋研究了近代女子高等教育特征[4]，魏晋对民国时期

---

[1] 曲剧 . 近十年来的中国近代女子教育研究综述 [J]. 中华女子学院学报，2005（4）：35-37.

[2] 韩新路 . 简述近代女子教育思想的形成 [J]. 中华女子学院学报，2001（3）：49-53.

[3] 陆慧 . 中国近代女子职业教育思想的变迁与启示 [J]. 中华女子学院学报，2014（6）：98-102.

[4] 蔡锋 . 近代女性高等教育简论 [J]. 中华女子学院学报，2004（3）：104-108.

女子师范教育作了探讨❶，宋珂君、何红对港澳台女子高等教育进行了梳理❷，杜学元对中国古代和近代女子教育史进行了系统审视❸。研究者们发现，我国古代就存在女子教育，并且表现出不同于西方的民族特点。到了近代，外国传教士为了自身需要，或者在华创办女子教育机构，或者资助少数中国女子出国留学，故我国近代女子教育明显打上西方文化的烙印。杨洁、李婵玉把中国共产党领导的百年妇女教育分为新民主主义时期革命化探索、社会主义初创时期制度化建构、改革开放时期法治化变革和新时代高质量发展四个阶段，体现了从培养革命女战士到造就现代女国民、从革命教育到全面发展教育、从关注少数妇女到惠及全体女性、从男女教育平等走向差异公平的演进逻辑。❹

二、新中国女子教育研究

自中华人民共和国成立，特别是改革开放以来的女子教育研究受到学术界广泛的关注。欧阳林舟对 20 世纪 80 年代以来中国女子院校的再兴进行了研究。❺安树芬等梳理我国女子高等教育

❶ 魏晋 . 我国近代女子师范教育的重要成果——评《民国时期河北女子师范学院的教学》[J]. 中华女子学院学报，2016（3）：108-111.

❷ 宋珂君，何红 . 港澳台女子高等教育的历史与现状 [J]. 中华女子学院学报，2003（1）：8-14.

❸ 蒋家琼 .《社会女性观与女子高等教育》述评 [J]. 文教资料，2012（14）：144-145.

❹ 杨洁，李婵玉 . 女性现代化的教育推进——妇女教育百年发展的逻辑进路与省思 [J]. 教育研究，2023（8）：60-69.

❺ 欧阳林舟 . 20 世纪 80 年代以来中国女子院校的再兴及发展研究 [D]. 上海：华东师范大学，2012.

发展脉络并提出 21 世纪初女子高等教育发展的战略对策。莫文秀等从多学科角度对改革开放 30 年我国女性教育历史、现状和战略进行了系统研究，对各级各类教育及北京等四省（市）教育发展进行了性别分析，对性别意识教育和女性－性别研究的学科化等进行了专题研究。课题终期成果成为国内第一本妇女教育蓝皮书，并且被中国妇女研究会评为第二届妇女研究优秀成果（专著类）一等奖。

学者们认为，新中国女性教育取得巨大成就，妇女受教育状况不断改善，受教育水平大幅提升，源于以马克思主义妇女解放理论为指导、坚定不移走群众路线、实施机动灵活的办学策略、依靠国家体制统筹推进。❶特别是党和国家持续重视女性教育，采取了一系列立法、规划、政策等有效手段，使教育成为新中国女性发展进步最明显的领域之一。突出表现为，女童平等接受学前教育取得成效，九年义务教育两性差距基本消除，妇女接受高中阶段教育水平创历史新高，女生在各类高等教育中所占比例均超过男生，妇女接受职业教育和继续教育人数大幅增加，扫除妇女文盲成果斐然。❷

---

❶ 杨洁，李婵玉 . 女性现代化的教育推进——妇女教育百年发展的逻辑进路与省思 [J]. 教育研究，2023（8）：60-69.
❷ 国务院新闻办公室 . 平等 发展 共享：新中国 70 年妇女事业的发展与进步 [EB/OL].（2019-09-19）[2024-01-18]. https://www.gov.cn/zhengce/2019/09/19/content_5431327.htm.

三、国外女子教育研究

一些学者从女性主义视角对美国、日本、韩国等国家的女性教育进行了比较研究或者经验介绍。牛莲分析了美国女性高等教育的产生与早期发展❶，蒋莱介绍了美国女子学院❷，高惠蓉系统研究了美国女子高等教育发展历程❸，郭冬生探析了美国女子学院女性教育课程❹。杨阳等对日本女子高等教育进行了研究❺，金香花对中韩两国妇女教育进行了比较分析❻，黄敏对澳大利亚女子高等教育进行了探讨❼。陈雪儿、刘义兵对21世纪以来国外农村妇女教育研究作了述评❽，吕美妍、吕文华探究了印度表列群体女童教育问题❾，赵子刚、曹长德对中韩女大学生职业决策自我效能感进行了比较分析❿。

归纳众学者研究，美国女子高等教育有将近200年历史，大致

---

❶ 牛莲.美国女性高等教育的产生与早期发展 [J].中华女子学院学报，2009（1）：23-26.

❷ 蒋莱.单性别高等教育与女性成长——基于美国女子学院的研究 [J].中华女子学院学报，2019（3）：38-45.

❸ 高惠蓉.美国女子高等教育史研究 [D].上海：华东师范大学，2007.

❹ 郭冬生.美国女子学院的女性教育课程设置及其启示 [J].中华女子学院学报，2014（4）：73-78.

❺ 杨阳.战后日本女子高等教育的变迁：性别平等的视角 [D].长春：东北师范大学，2020.

❻ 金香花.中韩女性教育比较研究 [D].长春：东北师范大学，2007.

❼ 黄敏.澳大利亚女子高等教育发展的经验及借鉴意义 [J].中华女子学院学报，2010（3）：28-32.

❽ 陈雪儿，刘义兵.本世纪以来国外农村妇女教育研究述评 [J].中华女子学院学报，2019（1）：69-75.

❾ 吕美妍，吕文华.印度表列群体女童教育问题及启示 [J].中华女子学院学报，2018（1）：98-105.

❿ 赵子刚，曹长德.中韩女大学生职业决策自我效能感的比较研究 [J].中华女子学院学报，2018（5）：35-40.

经历了从追求男女入学平权到关注教育过程和教育结果的男女平等、从模仿男子学校到尊重女性特点办学、从聚焦主流群体到满足不同女性群体需求的转变过程。如今不仅各教育阶段女生全面赶超男生，而且打破了学科性别限制，课堂和校园环境对女生日趋友好。但有人认为，受过教育的女性并没有实现和男性享有完全平等的地位。❶在明治维新时期日本女子教育得到了发展。20世纪初日本女子进入高等教育领域，20世纪中叶有显著提高，第二次世界大战后得到较好发展。但长期存在基于生理性别的知识分配方式；这种分配方式一方面促使日本在短时间内快速实现高等教育大众化和普及化，另一方面也加固了既有的性别价值秩序，高学历女性群体始终处于被动的处境。随着日本社会环境的变化，女性尤其是高学历女性迎来了前所未有的发展契机。❷同处东北亚儒教文化圈的中国和韩国，在女性教育问题上有许多相似之处。性别不平等现象普遍存在于两国的女性教育之中，只是在表达的方式和程度上有所差异，韩国更为明显。由于中韩两国政治制度和经济体制有本质区别，故我国女性教育的制度环境优于韩国，教育领域男女平等程度高于韩国。❸

四、教育男女平等研究

（一）男女教育机会平等

2010年前，郑新蓉、丁娟、孟桂英、朱静、蔡超等对我国女性

❶ 高惠蓉. 美国女子高等教育史研究 [D]. 上海：华东师范大学，2007.
❷ 同❶.
❸ 杨阳. 战后日本女子高等教育的变迁：性别平等的视角 [D]. 长春：东北师范大学，2020.

教育权利、男女教育机会平等给予了高度关注❶。2010 年后，随着教育优先发展及教育平等进程推进，我国基础教育阶段总体上实现了男女机会平等，高等教育阶段呈现男女位置调换（女性多于男性）。但有学者认为，女性入学机会在城乡和阶层之间还存在差距，来自农村的女生上大学的机会相对较少，其起步的社会资本低于城市女孩。❷

（二）男女教育过程平等

郭仕等分析了教学中隐藏的性别不平等问题❸，戴莉分析了学前教育中教师的性别刻板印象❹。研究者指出，学校教育要贯彻男女平等理念，消除课程和教学中隐含的性别刻板印象、性别偏见甚至性别歧视。但是，应该淡化还是强化女性角色、倡导"非性别化"还是"双性化"、如何寻求传统女性与现代女性角色的平衡等仍存在分歧。针对 21 世纪以来我国基础教育出现的"天平"从男生一端向女生一端"倾斜"现象，学校、家庭、政府及社会要协同发力，重塑有利于男女生同步健康发展的教育生态环境。❺

❶ 郭冬生. 第四次世界妇女大会以来的我国妇女教育研究——以《中华女子学院学报》为主要样本 [J]. 中华女子学院学报，2011（6）：23-29.

❷ 刘璐. 新时代背景下的女子高等教育——第三届中外女子大学校长论坛综述 [J]. 中华女子学院学报，2020（1）：5-6.

❸ 郭仕. 社会性别视角下的教学性别平等分析 [J]. 中华女子学院学报，2009（2）：37-39.

❹ 戴莉. 学前儿童性别教育的研究现状及其启示 [J]. 中华女子学院学报，2016（4）：86-95.

❺ 郭冬生. 论我国教育现代性的性别危机 [J]. 中华女子学院学报，2015（4）：19-24.

（三）学科／专业性别差异

王俊等调查发现，在院校、学科／专业选择的动机、过程、结果及满意度等方面，本科生存在较明显男女差异。随着女大学生数量增加，学科／专业性别隔离现象越发严重。消除这种现象，高校负有义不容辞的责任。❶王宏亮通过访谈发现，专业选择中的性别差异只是理性选择行为结果之一，专业选择的性别差异有着更为宏观的社会意义，仅就教育领域的改革谈论专业选择的性别差异是舍本逐末，只有整体性的社会变革才是解决性别隔离问题的出路。❷

五、女子院校发展研究

（一）女子院校社会价值

20 世纪 80 年代以来，我国女子院校逐渐恢复并得到发展，其间社会出现一些疑虑甚至反对的声音。对此，以女校领导为主力的研究者纷纷撰文阐述办女子学校的现实意义。回春茹、吴宏岳、雷庆礼、席春玲等分析了女校复兴的背景和潜在的优势，诠释了女子院校存在的价值。女校承载着推进男女平等、服务妇女发展的特殊使命，是探索女性成长发展规律的需要，也是满足人们教育需求多样化的需要。❸

---

❶ 王俊，田菊.高等教育中学科／专业选择性别差异的调查分析——以华中师范大学本科生的专业选择为案例 [J]. 中华女子学院学报，2014（6）：31-38.

❷ 王宏亮.教育领域性别隔离的误解——以高等教育专业选择为例 [J]. 中华女子学院学报，2015（5）：23-28.

❸ 郭冬生.第四次世界妇女大会以来的我国妇女教育研究——以《中华女子学院学报》为主要样本 [J]. 中华女子学院学报，2011（6）：23-29.

（二）女子院校办学定位

办学特色是广受女校领导和学者关注的研究课题。贾秀总、吴宏岳、魏霁晖等论述了新时期女子院校的改革与发展，张李玺、罗婷等研究了女子高校办学特色，杜芳琴阐述了女子学院的使命和定位，张洁清探究了女子高职办学特色，姚钦英探讨了妇女干部学校发展问题。❶大家一致认为，坚持特色发展是我国和世界教育改革的大趋势，也是女子院校生存和发展的需要，女子高校要在培养目标、专业建设、课程设置、课堂教学、校园文化、德育工作等方面体现人才培养特色，还应该在学科建设、科学研究和社会服务等方面彰显不同于传统高校的独特价值。

（三）女子院校综合研究

张李玺等基于大量数据和文献，运用教育科学研究和社会性别分析方法，对我国独立设置女子高校（含高职学院）、大学女子学院、女子中等职业学校（含女子职业高中、女子职业中专等）、女子高中、妇女干部学校及港澳台女子学校进行了整体研究，并分析总结指出：女子院校是一种特殊的文化环境——这种环境克服传统的性别偏见，比男女混合学校更能唤醒女性的自觉，张扬女生的个性；女子院校是探索女生成长规律的试验田——这里重视性别敏感教育，根据女生身心特点实施针对性教育；女子院校还是一种可选择的教

---

❶ 郭冬生. 第四次世界妇女大会以来的我国妇女教育研究——以《中华女子学院学报》为主要样本 [J]. 中华女子学院学报，2011（6）：23-29.

育资源——这里为女生进行职业和人生的双重准备，学生更容易成为卓越女性、成功女性、魅力女性；各级政府、妇联组织、全社会和女子院校要协同办好中国特色的女子学校教育。

六、女生发展研究

（一）女生思想政治教育

姚钦英、孙卫华、张霞等探讨了女大学生思想政治教育问题❶，李云霞、王涛对北京市女大学生价值观进行了调查分析❷，黄瑞妮对重点高校女大学生爱情进行了质性研究❸，陈晓晴、杜学元对女研究生婚恋观问题进行了考察❹，宫严慧对女大学生的婚恋财富观及理财教育作了探讨❺，王舒圆、兰建华对女大学生的民族精神教育进行了调查分析❻，谢秀珍对女大学生正确生命观进行了剖析❼，李洁、石彤

❶ 郭冬生.第四次世界妇女大会以来的我国妇女教育研究——以《中华女子学院学报》为主要样本 [J].中华女子学院学报，2011（6）：23-29.

❷ 李云霞，王涛.北京市女大学生价值观调查与分析 [J].中华女子学院学报，2018（1）：36-41.

❸ 黄瑞妮.爱情诗女孩的天花板吗？——重点高校女大学生青春期爱情经历的质性研究 [J].中华女子学院学报，2020（5）：59-67.

❹ 陈晓晴，杜学元.女研究生婚恋观问题研究综述 [J].中华女子学院学报，2011（3）：62-65.

❺ 宫严慧.浅议女大学生的婚恋财富观及理财教育 [J].中华女子学院学报，2014（5）：30-34.

❻ 王舒圆，兰建华.女大学生民族精神教育现状研究 [J].中华女子学院学报，2012（3）：40-44.

❼ 谢秀珍.女大学生正确生命观缺失的四维因素剖析及对策 [J].中华女子学院学报，2017（3）：35-39.

我国女子教育和女子学校发展研究

对影响女大学生成长的社会因素进行了分析❶，武晓伟等分析了女大学生网络游戏消费与动机❷，单艺斌等探讨了高校贫困女大学生的困扰与解决对策❸。于光君探讨了女大学生家庭美德教育❹、优秀传统文化教育❺等问题。研究者认为，由于在生理、心理等方面与男生的不同，女生的思想政治教育既存在与男生的共性，也呈现女生群体的个性。各级各类学校要正视性别差异，重视对性别差异规律的研究，创新思想政治教育理念、内容和方式方法，促进性别教育和学生思想政治教育相结合，注重培养女生的"四自"精神和主体意识，不断增强女生思想政治教育的实效性。

（二）女生心理与因材施教

罗国忠、贺香沛等探讨了中等教育阶段女生人格发展，郑欣、何树莲、赵立莹、刘蕾等对女大学生心理素质与健康、发展障碍进行了实证分析，郭黎岩、张楠等探讨了女大学生性心理，刘继华论述了女性教育中"双性化"人格培养问题，王蕾蕾论证了女性课程体系与女大学生培养的目标关系，赵荣荣对工科女大学生的发展进行

❶ 李洁，石彤.影响女大学生成长的若干社会因素分析 [J].中华女子学院学报，2013（1）：29-33.

❷ 武晓伟，康小惠，林清凤.女大学生网络游戏消费与动机 [J].中华女子学院学报，2019（4）：37-38.

❸ 单艺斌，等.当前高校贫困女大学生的困扰与解决对策 [J].中华女子学院学报，2011（1）：44-48.

❹ 于光君.传统文化与女大学生家庭美德教育 [J].中华女子学院学报，2014（5）：23-29.

❺ 于光君.女大学生与优秀传统文化教育 [J].中华女子学院学报，2016（1）：35-39.

— 178 —

了系统思考。❶何文华、孟彩对网络对女大学生人格影响进行了调查分析❷，张霞、房阳洋对女大学生领导力的培养路径进行了探讨❸。研究者普遍认为，男女学生在身心发展上存在着差异，要坚持"因性别施教"的原则，根据不同阶段女生身心发展特点，发展其兴趣爱好，挖掘其发展潜能，实施有别于男生的教育，包括为女生量身定做"准女人教育"或者说"母性教育"，促进女生全面发展，为谱写绚丽人生奠定坚实基础。❹有学者从后女性主义视角对以"淑"为表征的"淑女教育"的合理性问题进行了探究，从"和谐合理性"出发，阐明当代社会政治文化制度中重构"淑女教育"的合理性和可行性。❺

（三）女大学生就业创业

女大学生就业问题是 21 世纪以来备受关注的课题。黄海群、李春玲、周华珍等探讨了本科女生就业问题，许艳丽探讨了女研究生就业问题，唐红洁等对农村女大学生就业作了调查研究，石彤、王献蜜对大学生就业质量的性别差异进行了探讨，侯典牧等对在校女

---

❶ 郭冬生 . 第四次世界妇女大会以来的我国妇女教育研究——以《中华女子学院学报》为主要样本 [J]. 中华女子学院学报，2011（6）：23-29.

❷ 何文华，孟彩 . 网络对女子院校大学生人格影响的调查分析 [J]. 中华女子学院学报,2012（3）：45-48.

❸ 张霞，房阳洋 . 女大学生领导力的内涵与培养路径探析——基于过程学的视角 [J]. 中华女子学院学报，2019（2）：42-47.

❹ 郭冬生 . 林徽因的人格魅力及其教育学意义 [J]. 中华女子学院学报，2017（1）：46-52.

❺ 关景媛 . 以"淑"为表征的传统女性教育合理性问题研究 [D]. 长春：东北师范大学，2014.

大学生创业问题进行了实证研究。❶韩新路研究了新时期女大学生就业观❷，周旅军对大学生择业偏好进行了社会性别分析❸，宋月萍等对大学生就业性别差异进行了分析❹，李绍明对女大学生就业心理素质构成因素进行了分析❺。研究者认为，女大学生就业难与高等教育扩招、经济发展和自身素质能力都有关联，但与传统文化观念和职场中的性别歧视不无关系。女性教育优势并未改变劳动力市场的男性优势地位。❻笔者认为，劳动人才市场中的"男性偏好"不能仅用"性别歧视"来解释，还要从用人成本视角分析，在很大程度上"男性偏好"是体制内劳动用工制度造成的。❼需要多管齐下，多措并举，协同发力，尤其要完善相应劳动法规政策和社会保障机制，建设促进男女平等就业的社会文化环境。

七、高校女教师研究

王珺等探讨了大学教师身份建构的性别向度❽，武晓伟等以广

❶ 郭冬生 . 第四次世界妇女大会以来的我国妇女教育研究——以《中华女子学院学报》为主要样本 [J]. 中华女子学院学报，2011（6）：23-29.

❷ 韩新路 . 女大学生就业观研究 [J]. 中华女子学院学报，2011（3）：58-61.

❸ 周旅军 . 对大学生择业偏好的社会性别分析 [J]. 中华女子学院学报，2017（2）：45-50.

❹ 宋月萍，李靖颖 . 社会资本、性别与择业：大学生就业性别差异分析 [J]. 中华女子学院学报，2014（2）：35-41.

❺ 李绍明 . 女大学生就业心理素质构成因素分析 [J]. 中华女子学院学报，2013（2）：39-42.

❻ 李春玲 . "男孩危机""剩女现象"与"女大学生就业难"——教育领域性别比例逆转带来的社会性 [J]. 妇女研究论丛，2016（2）：33-39.

❼ 郭冬生 . "就业难"与女大学生的人生规划 [A]. 中国政法大学教育文选，2017（22）.

❽ 王珺，宋文红 . 大学教师身份建构的性别向度——基于一所研究型大学女教师的叙说分析 [J]. 中华女子学院学报，2013（5）：22-27.

东省八所高校为例探讨了高校女教师的幸福感❶，蒋玉梅考察了国际视野中的高校教师职业性别隔离。❷禹旭才对西方国家高校女教师发展研究进行了述评❸，邵琳翔、周小李对德国高校女性学者资助计划进行了探析。❹张李玺等专题研究了高等教育中的女性（含女大学生和教师），梳理了我国高校女教师的发展历程，揭示了当前高校女教师发展存在的诸如学术地位较低、女性工作相对贬值，职务差别明显、高校管理层的性别失衡现象，收入差异、女性实际收入低于男性等边缘化问题，并据此提出将性别意识纳入主流决策层、在文化中重构性别意识、高校内部改革注重两性平等等对策。

八、性别意识教育研究

科学的性别教育包括性教育、性别意识教育、男女平等教育和性别角色教育。学术界较多关注社会性别意识教育和男女平等意识教育的研究。陈丽琴、刘筱红、闫广芬等论证了社会性别意识纳入高校必修课的政策问题，回春茹等探讨了女性 – 性别课程对于中学

❶ 武晓伟，史乐然，高艳.高校女教师幸福感研究——以广东省八所高校为例 [J].中华女子学院学报，2019（2）：33-41.

❷ 蒋玉梅.国际视野中的高校教师职业性别隔离 [J].中华女子学院学报，2011（4）：41-46.

❸ 禹旭才.西方国家高校女教师发展研究述评 [J].中华女子学院学报，2014（4）：79-83.

❹ 邵琳翔，周小李.护佑高校女性学者的学术生涯——基于对德国高校女性学者资助计划的探析 [J].中华女子学院学报，2019（4）：57-63.

性别教育的启示。❶ 于光君认为女子高校存在把男女平等教育与性别角色教育对立起来、忽视甚至否定女大学生的性别角色教育的问题。❷ 不仅要贯彻男女平等基本国策，增强师生的男女平等意识，消除学校中的性别偏见和性别歧视等现象，还要汲取传统性别角色教育精华，把男女平等教育与性别角色教育有机结合起来。

九、女性－性别研究学科化研究

第四次世妇会以来，不少妇女和性别研究学者对我国女性学的学科化、本土化建设进行了积极探讨。❸ 王珺等分析了女性学在中国高等教育中的独特作用，认为要发挥它在重塑社会性别价值观、追求社会性别公正中应有的作用。❹ 刘宁分析了顶层设计视域下的中国妇女理论研究 ❺，石红梅分析了马克思主义妇女观与中国特色女性学理论发展之关系 ❻，陈方对女性学课程教学与学位教育进行了探讨 ❼，杜芳琴研究了中国妇女学 30 年反观与理论化 ❽，叶文振研究了女性学

---

❶ 郭冬生 . 第四次世界妇女大会以来的我国妇女教育研究——以《中华女子学院学报》为主要样本 [J]. 中华女子学院学报，2011（6）：23-29.

❷ 于光君 . 女大学生性别教育中存在的问题及对策 [J]. 中华女子学院学报，2016（6）：49-53.

❸ 郭冬生 . 第四次世界妇女大会以来的我国妇女教育研究——以《中华女子学院学报》为主要样本 [J]. 中华女子学院学报，2011（6）：23-29.

❹ 王珺 . 女性学：能为中国高等教育带来什么 [J]. 中华女子学院学报，2007（4）：25-29.

❺ 刘宁 . 顶层设计视域下的中国妇女理论研究 [J]. 中华女子学院学报，2012（1）：18-22.

❻ 石红梅 . 马克思主义妇女观与中国特色女性学理论的发展 [J]. 中华女子学院学报，2012（5）：5-9.

❼ 陈方 . 再论女性 / 性别研究学科建设 [J]. 中华女子学院学报，2013（6）：31-37.

❽ 杜芳琴 . 从研究到学科化并通向行动主义：中国妇女学 30 年反观与理论化 [J]. 中华女子学院学报，2013（2）：47-53.

开放发展 40 年 ❶，韩贺南探讨了女性 – 性别学学科范式（研究对象
与知识领域）❷，胡晓红、田楚妍提出构建马克思主义女性学的四个维
度 ❸，魏国英探讨了中国女性学话语建构问题。❹ 黄河将 1995 年以来
我国妇女 – 性别研究分为三阶段：描述性研究为主——以女性眼光
探究妇女问题的阶段；重视实证研究——妇女与社会结构性别视角
审视的阶段、倡导多维度研究——在聚焦服务中推进妇女议题的精
专化阶段。❺ 魏开琼基于中华女子学院的实践探索，把女性学学科发
展分为重视妇女运动、以妇女为中心、女性学学科化三个时期，认
为将来既要在学科规范层面向纵深推进——继续探索女性学独立，
又要立足妇女问题产生的具体历史文化语境，提供解释框架与行动
策略，进行知识体系的建设。❻

　　在笔者看来，在当下高等教育和科学体制内，虽然"女性学"
或"妇女 – 性别研究"没有获得独立的一级学科地位，但是女性
或性别问题的研究始终是我国人文社会科学的一个重要领域，它
天生具有新兴交叉学科的属性。要把女性或性别研究的成果转化

---

❶ 叶文振 . 女性学学科意识与女性学开放发展——中国女性学学科建设 40 年 [J]. 中华女子
　学院学报，2018（6）：5-12.

❷ 韩贺南 . 女性 / 性别学学科范式再探析——研究对象与知识领域 [J]. 中华女子学院学报，
　2012（1）：51-55.

❸ 胡晓红，田楚妍 . 马克思主义女性学构建的四个维度 [J]. 中华女子学院学报，2013（6）：
　15-18.

❹ 魏国英 . 中国女性学话语建构 [J]. 中华女子学院学报，2019（6）：5-11.

❺ 黄河 . 妇女 – 性别研究的缩影及发展理路 [J]. 中华女子学院学报，2020（6）：9-13.

❻ 魏开琼 . 从妇女问题研究走向学科化建设：女性学学科发展的脉络 [J]. 中华女子学院学
　报，2020（6）：22-25.

为成熟的可传播的知识，培养一代又一代女性乃至教育全体公民，在全社会树立男女平等意识，促进两性相互理解、和谐共荣，形成爱国爱家、相亲相爱、向上向善、共建共享的社会主义家庭文明新风尚。

第三节　未来我国女子教育研究发展趋势

综上所述，自 1995 年世妇会以来，我国女子教育研究成绩斐然，由对女子学校的关注扩大到对整个教育领域的性别审视，由介绍推广国外（美、日、韩等）女子教育经验发展到探讨我国教育领域的男女公平和因性别施教等。特别是社会性别分析被广泛运用于我国教育理论和实践研究，使女子教育研究不仅成为妇女 – 性别研究的重要内容和学科支撑，而且成为我国教育科学百花园的一道风景。但是，从《中华女子学院学报》《中国妇女教育发展报告》和中国知网检索的女性教育博士论文看，近 30 年的女子教育研究也存在研究选题低水平重复、研究成果创新不足、有组织科研缺乏、对策建议操作性欠佳、重质性研究和轻量化研究等问题。与我国女性学或妇女 – 性别研究境况相似，从西方引入的女性主义或社会性别理论已普遍成为理解和解释"性别与教育"议题的基本工具，但适合我国国情、教情、妇情的女性教育或性别教育本土化探索相当薄弱，贯彻落实习近平总书记关于教育、妇女和家庭建设等重要论述精神不够，存在较大程度的"水土不服"问题。

新时代强国建设、民族复兴伟业为我国女性教育提供了新的机遇和空间，同时也对教育公平提出了新的挑战和要求。建设教育强国，推进男女平等，促进妇女全面发展，需要更好地探索女性成长成才规律，破解教育性别差异与公平难题，提升相关领域的研究质量和服务水平，促进女性教育、性别与教育研究学术繁荣。在此，试对未来我国女子教育研究提出几点前瞻性思考。

第一，有组织科研备受重视。没有创新，女子教育研究就失去价值。如前所述，虽然第四次世妇会以来我国女子教育研究取得了不少成果，但是由于单兵作战较多、有组织的科研不足，导致理论创新不足、深层次研究不够等问题。我们要坚持以习近平新时代中国特色社会主义思想为指导，立足中国国情和历史方位，紧盯党和国家战略需求，发挥全国性教育学术团体与中国女校联盟等作用，凝聚全国女子教育研究同行的力量，携手开展新时代妇女和教育的理论和实践，不断推进有组织的跨界跨学科研究，在深入研究基础上回答女性教育和性别教育的新课题，为中央和地方党政部门、各级妇联组织和女子教育机构建言献策。

第二，跨学科研究持续发展。随着科学技术和人类社会的飞速发展，单一学科的理论很难解释复杂的社会现象和社会实践，必须依靠跨学科综合研究和多学科协调配合。无论是教育问题、性别问题还是"性别与教育"问题，都是这类复杂的研究对象或曰学术领域，唯有综合运用多学科理论和方法、跨学科的研究方式，方能产出真知、接近真理。否则就可能步入"盲人摸象"的境地。第四次世妇会以来，我国女子教育研究的经验之一就是立足中国本土妇女问题和性别文化语境，坚持走多学科协作和跨学科研究的道路，不断汲取教育、心理、历史等人文社会学科的优秀成果，从而建立并丰富自身知识体系。未来我们要继续走学科交叉融合发展之路，与教育学、政治学、社会学等相关学科加强对话交流，推进女性教育、性别与教育研究健康发展。

第三，理论研究渐入主流。女性教育是一个实践性、应用性很强的领域。长期以来，应用型女子教育研究受到重视，女子教育研究对实践的作用力在不断提升。但是，相对于教育科学其他学科和领域而言，我国女性教育和性别教育的学理研究、理论性研究还十分薄弱，女子教育研究总体上处在教育学术的边缘状态，要想由"边缘"走向"中心"或者说进入教育研究"主流"，必须重视女性教育的基本理论研究及其学科化建设。因此，我们要坚持理论研究和行动研究相结合，坚持理论探索与实践指导相结合，坚持全球性与本土化相结合，加强女性教育和性别教育（包括男女平等教育、性别文化教育等）理论研究，特别是核心概念、性别与教育的关系等学理性问题探究，推进女性教育理论研究与实践研究同步发展，增强女性教育和性别教育研究的原创性和创新性，服务女性教育工作实践和我国教育科学的发展繁荣，为促进男女平等和妇女–性别研究学科化提供高水平的智力支持和理论贡献。

第四，男女均衡提上日程。中华人民共和国成立后的很长一段时期，我国教育性别结构基本上呈"男多女少"态势。但是，从21世纪初叶开始，教育性别结构不断变化，如今几乎各教育阶段都出现女在校生数和（或）占比高于男生的状况。有些学者和媒体将这种"女多男少"现象称作教育"女性化"。马宇航、杨东平研究指出，我国高等教育的"女性化"走向会与世界总趋势一致，但受儒家文化影响略显保守；并预测 2030 年前后"女多于男"的水平将达到 15%~20%，进入高等教育性别结构的较稳定状态。[1]教育天平从一端（男性）偏向另一端（女性），不是教育发展的初衷，也不是男女平等的本义。在未来教育和妇女事业发展进程中，面对教育"女性化""男孩危机""阴盛阳衰"等新问题，女子教育研究者要坚持目标导向与问题导向相结合，持续跟踪教育领域性别结构的变化及其潜在的社会问题，系统研究、及时回答教育实践中诸如"女性化""男孩危机"等课题，通过有组织、高质量的研究，提出完善有关法规政策建议和实践指导行动策略，推进教育男女均衡发展和男女平等基本国策持续有效贯彻实施。

第五，中国特色必成共识。开放是学术发展的内在要求。共建人类命运共同体是时代主题。一方面，我们要有开放意识和全球视野，与世界各国同行建立对话交流机制，深化国际学术交流合作。另一方面，我们坚持历史自觉和文化自信，处理好本土化与国际化的关系，解决好"水土不服"的问题。特别要正视中国日益提升的国际地位和国际社会期待，提高我国女子教育研究的话语权和国际影响力，发展具有中国风格、中国特色的妇女和性别教育研究。为此，我们要自觉践行"两个结合"的要求，自觉担起新时代的文化使命，不仅要面向国际，而且要引导国际，向世界同行展示我国女

---

[1] 马宇航，杨东平 . 高等教育女性化的国际比较研究 [J]. 江苏高教，2016（5）：7-11.

性教育和性别教育的新进展、新成就，传播女性教育和妇女 – 性别研究创新理论，发出我国女子教育研究同行的声音，讲好中国教育强国建设和妇女发展进步的故事，为世界女性教育发展提供中国经验、贡献中国智慧。

附 录

附录1 中华女子学院章程（2024年修订）❶

序 言

中华女子学院前身是1949年8月15日由宋庆龄、何香凝、蔡畅、邓颖超等革命前辈创建的新中国妇女职业学校，后更名为中华全国妇女联合会妇女干部学校。1984年7月7日学校升格为全国妇联管理干部学院，1987年8月13日更名为中国妇女管理干部学院，1995年8月16日更名为中华女子学院。2002年2月10日经教育部批准，学校转制为本科层次的普通高等学校。

2019年12月25日经中编办批准，全国妇联干部培训学院与中华女子学院一体化办学。

在长期办学实践中，学校积累了较好的办学条件和办学资源，建立了一支素质较高、业务能力较强的师资队伍，形成了比较完整的教学和管理服务体系，在探索女性成长成才规律、践行男女平等基本国策、服务妇女全面发展等方面发挥了积极作用，赢得了良好社会声誉。

---

❶ 本人荣幸成为《中华女子学院章程》（2016年版、2024年版）的执笔人，同时，本章程是全国独立设置女子高校的范例，故将其收录于本书中对于读者了解我国女子高校的办学模式有参考意义。

第一章　总则

第一条　为规范办学行为，完善治理结构，保障依法自主办学，依据《中华人民共和国教育法》《中华人民共和国高等教育法》和《高等学校章程制定暂行办法》等有关法律法规和规章，结合学校实际情况，制定本章程。

第二条　学校中文名称为中华女子学院，英文名称为CHINAWOMEN'S UNIVERSITY（简称CWU）。

第三条　学校注册地为北京市朝阳区育慧东路1号。根据学校事业发展需要，依法经有关部门批准可设立分校区、调整校区及校址。

第四条　学校是由国家举办、由中华全国妇女联合会（以下简称全国妇联）主管的普通本科高等学校，接受国务院教育行政部门和北京市教育主管部门依法实施的指导、监督和管理。

第五条　学校坚持和加强党的全面领导，高举中国特色社会主义伟大旗帜，以马克思列宁主义、毛泽东思想、邓小平理论、"三个代表"重要思想、科学发展观、习近平新时代中国特色社会主义思想为指导，增强"四个意识"、坚定"四个自信"、做到"两个维护"，全面贯彻党的基本理论、基本路线、基本方略，全面贯彻党的教育方针，坚持教育为人民服务、为中国共产党治国理政服务、为巩固和发展中国特色社会主义制度服务、为改革开放和社会主义现代化建设服务，坚守为党育人、为国育才，培养德智体美劳全面发展的社会主义建设者和接班人。

第六条 学校坚持社会主义办学方向，扎根中国大地办女子大学，以人才培养、科学研究、社会服务、文化传承创新、国际交流合作为基本职能，贯彻男女平等基本国策，服务经济社会发展，服务妇女全面发展，服务国家总体外交。

第七条 学校以提高质量为主题，以内涵发展为主线，以改革创新为动力，努力建成中国特色一流女子大学和国家级干部培训学院，成为培养服务妇女发展、家庭建设、妇联工作人才的摇篮，成为培训妇联干部和妇女干部的重要阵地，成为研究新时代妇女工作和家庭建设的高端智库，成为传播社会主义先进性别文化和促进中外妇女合作交流的重要窗口。

第八条 学校全面落实立德树人根本任务，着力培养具有家国情怀、男女平等意识、创新精神、国际视野、"四自"特质的德智体美劳全面发展的应用型人才。坚持不懈用习近平新时代中国特色社会主义思想铸魂育人，着力加强社会主义核心价值观教育，引导学生树立坚定的理想信念，永远听党话、跟党走，矢志奉献国家和人民。

第二章 举办者与学校

第九条 学校是非营利性事业单位法人，依法享有办学自主权，独立承担法律责任和义务。

第十条 举办者和主管部门监督学校贯彻执行国家法律法规和政策，指导学校的办学方向，监督和规范学校办学行为，任命学校领导班子成员，考核和评估学校办学水平和办学质量，依法对学校的经费使用进行监督。

第十一条　举办者和主管部门依法保护学校的办学自主权不受任何非法干预，支持学校依法自主办学，为学校提供必备的办学条件，保障学校办学经费的稳定来源和增长，维护学校合法利益和良好的办学环境、办学秩序，支持学校发展。

第十二条　学校依法享有以下权利：

（一）根据社会需求、办学条件和国家核定的办学规模，自主设置和调整学科专业，制定招生方案，自主调节各学科专业招生比例。

（二）自主制定人才培养方案并组织实施教学活动，决定学生考试考核评判标准；对学生进行学籍管理，实施奖励或处分；对符合条件者，授予相应学位，颁发学位证书。

（三）在国家有关规定的指导下，自主评聘教师及其他职工，自主决定教职员工的薪酬水平和福利待遇；根据学校的相关规定对教职员工实施奖励或处分。

（四）自主开展科学研究、社会服务及文化传承创新活动。

（五）自主开展与国（境）内外大学、研究机构的交流合作。

（六）根据实际需要和精简、效能的原则，自主确定教育教学、科学研究、行政职能部门等内部组织机构的设置和人员配备。

（七）自主管理和使用国家及地方政府提供的财产、财政性资助、受捐赠财产以及其他由学校合法取得的资产。

（八）法律、法规规定的其他权利。

第十三条　学校依法履行以下义务：

（一）贯彻党的教育方针，执行党和国家教育政策。

（二）认真履行人才培养、科学研究、社会服务、文化传承创新和国际交流合作等各项职能，保证教育教学质量达到国家规定的标准。

（三）遵守法律法规，维护学生和教职员工的合法权益。

（四）接受举办者、主管部门和政府相关部门的监督和指导。依法接受学生、教职员工、校友、校外人士的监督和评议。

（五）执行国家教育收费规定，公开收费项目和收费标准。

（六）维护校园稳定和校园秩序。

（七）法律、法规规定的其他义务。

第三章　学校功能和教育形式

第十四条　学校以人才培养为中心，坚持全员育人、全过程育人、全方位育人，建立健全教学质量保障体系和评价机制，不断提高人才培养质量。

第十五条　学校学科主要涵盖人文社会科学，重点建设服务妇女发展、服务家庭建设、服务妇联工作等特色交叉学科和专业群。

第十六条　学校坚持以科研促进教学，鼓励教职工和学生开展科学研究。

第十七条　学校坚持实践育人、协同育人，鼓励师生开展多种形式的社会实践和志愿服务等社会服务。

第十八条　学校坚持文化育人，自觉履行文化传承创新职能，传播社会主义先进性别文化。

第十九条　学校坚持办好普通本科教育和研究生教育，适度发展留学生教育。重视开展妇女干部培训等多形式的非全日制教育。

第二十条　学校全日制普通高等教育规模保持在 5000~6000 人。根据社会需求和办学条件变化，适度调整办学规模。

第二十一条　学校建立健全以社会需求和妇女发展、家庭建设需求为导向的专业设置和调整机制。

第二十二条　学校努力体现女性教育特色，以招收女生为主（研究生教育除外），健全招生工作机制，制定招生原则、标准与程序，保证招生规范、公正、透明。

第二十三条　学校依法确定和调整学历教育修业年限，依法对完成学业的受教育者颁发学业证书或相应学习证明。

第二十四条　学校积极开展留学生教育和多形式的中外合作教育，不断拓展国际教育交流与合作。

第四章　学校组织与结构

第一节　学校管理体制机制的一般规定

第二十五条　学校实行中共中华女子学院（全国妇联干部培训学院）委员会（以下简称学校党委）领导下的校长负责制，坚持依法治校、依章程办学，努力推进学校治理体系和治理能力现代化。

第二十六条　学校根据国家规定和自身实际，设置职能部门、教学科研单位、直（附）属单位。

职能部门、各单位根据学校授权履行职责。具有独立法人资格的学校附属单位，依照法律规定、学校赋予的职能，自主独立运营与管理。

学校建立为师生提供便捷高效服务的制度和机制，提升服务意识和水平。

第二十七条　学校加强学术组织建设，健全学术管理体系与组织架构，保障学术组织依照章程行使职权，充分发挥其在学科建设、学术评价、学术发展和学风建设等方面的重要作用。积极推进教授治学，保障学术组织的学术权利。

第二十八条　学校设立教职工代表大会、学生代表大会，努力发挥教职工和学生代表大会及其他群众组织作用，健全师生员工参与民主管理和监督的工作机制。

第二十九条　学校设立发展规划工作机构，建立健全规划制定、实施和评估机制，使规划成为学校建设立项、预算编制、人员配置、学科专业设置、招生计划、业绩考核的重要依据。

第三十条　学校依法建立信息沟通机制和社会参与机制，使学生、教师、家长、社会公众对学校的意见和建议能够及时得到反馈。依法推进信息公开和办事公开。依法健全校内纠纷解决机制、安全管理及突发事件的应急处理机制。建立健全社会支持和监督学校发展的机制。

第二节　学校党委

第三十一条　学校党委全面领导学校工作，履行《中国共产党普通高等学校基层组织工作条例》规定的各项职责，努力推动学校党的建设与学校事业发展深度融合。

第三十二条　学校党委承担管党治党、办学治校主体责任，把方向、管大局、作决策、抓班子、带队伍、保落实，切实履行以下基本职责：

（一）宣传和执行党的路线方针政策，宣传和执行党中央及上级党组织和本组织的决议，坚持社会主义办学方向，依法治校，依靠全校师生员工推动学校科学发展，培养德智体美劳全面发展的社会主义建设者和接班人。

（二）坚持马克思主义指导地位，组织党员认真学习马克思列宁主义、毛泽东思想、邓小平理论、"三个代表"重要思想、科学发展观、习近平新时代中国特色社会主义思想，学习党的路线方针政策和决议，学习党的基本知识，学习业务知识和科学、历史、文化、法律等各方面知识。

（三）讨论决定事关学校改革发展稳定及教学、科研、行政管理中的重大事项和基本管理制度。

（四）坚持党管干部原则，按照干部管理权限负责干部的选拔、教育、培养、考核和监督，讨论决定学校内部组织机构的设置及其负责人的人选，依照有关程序推荐校级领导干部和后备干部人选。做好老干部工作。

（五）按照党要管党、全面从严治党要求，加强学校党组织建设。落实基层党建工作责任制，发挥学校基层党组织战斗堡垒作用和党员先锋模范作用。

（六）履行学校党风廉政建设主体责任，领导、支持内设纪检组织履行监督执纪问责职责，接受同级纪检组织和上级纪委监委及其派驻纪检监察机构的监督。

（七）成立党委教师工作委员会，领导教师做好思想政治和师德师风建设工作，落实意识形态工作责任制，加强德育工作，维护学校安全稳定，促进和谐美丽校园建设。

（八）领导学校工会、共青团、妇委会、学生会、研究生会等群众组织和教职工及学生代表大会。

（九）做好统一战线工作。对学校内民主党派的基层党组织实行政治领导，支持其依照各自章程开展活动。支持无党派人士等统一战线成员参加统一战线相关活动，发挥积极作用。加强党外知识分子工作和党外代表人士队伍建设。加强民族和宗教工作，深入开展铸牢中华民族共同体意识教育，坚决防范和抵御各类非法传教、渗透活动。

（十）讨论决定其他事关师生员工切身利益的重要事项。

第三十三条　学校党委由党员代表大会选举产生，任期五年。

党委设常务委员会（以下简称常委会），常委会委员由学校党委全体会议（以下简称全委会）选举产生。在全委会闭会期间由常委会履行其职责。常委会会议由学校党委书记召集并主持。常委会实行"集体领导、民主集中、个别酝酿、会议决定"的议事和决策制度。

党委全委会、常委会的决策程序和议事规则另行制定。

学校党委根据党的有关规定设立党的工作机构和基层党组织。

学校加强基层党组织建设，完善院（系部）等党政联席会议制度，集体讨论决定重大事项。

第三十四条　学校党委实行集体领导与个人分工负责相结合，坚持民主集中制，集体讨论决定学校重大问题和重要事项，领导班子成员按照分工履行职责。

党委书记主持党委全面工作，负责组织党委重要活动，协调党委领导班子成员工作，督促检查党委决议贯彻落实，主动协调党委与校长之间的工作关系，支持校长开展工作。

第三十五条　中国共产党中华女子学院纪律检查委员会是学校的党内监督专责机关，由学校党代会选举产生，每届任期五年。

在上级纪检机关和学校党委的领导下，依据党章和党内法规，履行党内监督责任，协助党委加强党风廉政建设，组织协调反腐败工作，保障和促进学校事业健康发展。

第三节　校长

第三十六条　校长是学校的法定代表人，在学校党委领导下，贯彻党教育方针，组织实施学校党委有关决议，行使《中华人民共和国高等教育法》等规定的各项职权，全面负责教学、科研、行政管理工作。

第三十七条　校长的主要职权范围是：

（一）组织拟订和实施学校发展规划、基本管理制度、重要行政规章制度、重大教学科研改革措施、重要办学资源配置方案。组织制定和实施具体规章制度、年度工作计划。

（二）组织拟订和实施学校内部组织机构的设置方案。按照国家法律和干部选拔任用工作有关规定，推荐副校长人选，任免内部组织机构的负责人。

（三）组织拟订和实施学校人才发展规划、重要人才政策和重大人才工程计划。负责教师队伍建设，依据有关规定聘任与解聘教师及内部其他工作人员。

（四）组织拟订和实施学校重大基本建设、年度经费预算等方案。加强财务管理和审计监督，管理和保护学校资产。

（五）组织开展教学活动、科学研究和教材建设，创新人才培养机制，提高人才培养质量，推进文化传承创新，服务国家和地方经济社会发展，把学校办出特色、争创一流。

（六）组织开展思想品德教育，负责学生学籍管理并实施奖励或处分，开展招生和就业工作。

（七）做好学校安全稳定和后勤保障工作。

（八）组织开展学校对外交流与合作，依法代表学校与各级政府、社会各界和境外机构等签署合作协议，接受社会捐赠。

（九）向党委报告重大决议执行情况，向教职工代表大会报告工作，组织处理教职工代表大会、学生代表大会、工会会员代表大会和团员代表大会有关行政工作的提案。支持学校各级党组织、民主党派基层组织、群众组织和学术组织开展工作。

（十）履行法律法规和学校章程规定的其他职权。

第三十八条　学校行政实行校长全面负责、副校长分工负责、职能部门组织实施的工作机制。

校长办公会议是学校行政议事决策机构，主要研究提出拟由党委讨论决定的重要事项方案，具体部署落实党委决议的有关措施，研究处理教学、科研、行政管理等工作。

校长办公会议由校长或由校长委托的副校长召集并主持，会议成员一般为学校行政领导班子成员，党委书记、副书记、纪委书记可视议题情况参加会议，其他列席人员由校长或会议主持人根据议题决定。

校长办公会议采取"集体讨论、校长决定"的原则，依照其议事规则议定有关事项。校长办公会议的议事规则另行制定。

第四节　学术管理组织

第三十九条　学校设置学术委员会。学术委员会是学校最高学术机构，依据相关规定和本章程制定的学术委员会章程，独立行使相应的职权。

学术委员会主要履行以下几方面职责：

（一）审议学科建设、专业设置，教学、科学研究计划方案。

（二）评定教学、科学研究成果。

（三）调查、处理学术纠纷。

（四）调查、认定学术不端行为。

（五）按照章程审议、决定有关学术发展、学术评价、学术规范的其他事项。

第四十条　学术委员会由学校不同学科、专业的教授及具有高级以上专业技术职务的人员组成，其中，青年教师要占一定比例。

学术委员会人数与学校的学科、专业设置相匹配，为不低于15人的单数。其中，担任学校及职能部门党政领导职务的委员，不超过委员总人数的四分之一；不担任党政领导职务及院（系部）主要负责人的委员，不少于委员总人数的二分之一。

学校可以根据需要聘请校外有关专家担任特邀委员。

第四十一条　学术委员会设主任一名、副主任若干名。学术委员会主任一般由不担任行政职务的资深教授担任。委员由校长聘任。

学术委员会委员实行任期制，任期一般可为四年，可连选连任，但连任最长不超过两届。学术委员会每次换届，连任的委员人数应不高于委员总数的三分之二。

学术委员会设秘书处，在主任领导下负责处理学术委员会日常事务。

学术委员会可就学科建设、科学研究、学术道德等事项设立若干专门委员会或者临时性评议组织。可以根据需要，委托教学科研机构的教授委员会承担相应职责。

第四十二条　学校制定学术委员会章程，具体明确学术委员会的组成、职责，以及委员的产生程序、增补办法，会议制度和议事规则及其他事项。

第四十三条　学校设专业技术职务评审委员会，其成员由教授代表、具有正高级专业技术职务的校领导、各教学科研单位和相关部门主要负责人等组成，根据国家规定、评审条件和评审规则，履行审定、评议或推荐教师系列及其他系列的专业技术职务等相应职责。专业技术职务评审委员会主任由校长兼任。

学校依据相关规定和本章程制定专业技术职务评审委员会章程，具体明确组成人员的产生程序、增补办法，会议制度和议事规则及其他本章程未尽事宜。

第四十四条　学校设学位评定委员会，依法履行学位评定和授予的职责。学位评定委员会由学校、教学科研单位和有关职能部门负责人，以及具有高级专业技术职务且不担任领导职务的教学、科研人员组成。其中，教学、科研人员应占学位评定委员会的半数以上。学位评定委员会主席由校长兼任。

学位评定委员会依照国家和学校有关学位授予规定开展工作，独立负责学位评定授予，负责研究生指导教师遴选，指导学位评定分委员会的工作。

按照授予学位的学科门类及所涉单位的学科相近性，可以设置学位评定分委员会。

第四十五条 学校设置人才培养委员会。人才培养委员会是研究、指导、审议和决策学校各类人才培养工作的组织机构。人才培养委员会的主要职责是：

（一）研究人才培养方面的突出问题、重大趋势，并提出决策咨询建议。

（二）依据法律和有关规定，负责组织审定人才培养规划、人才培养方案、管理制度设计方案和相关重要表彰、处分方案。

（三）指导招生、专业建设、课程建设、教材建设、教学组织建设、教学设施建设、教师教学培训和学生工作。

（四）听取和审议人才培养年度工作计划与年度质量报告，审阅人才培养状况基本数据，研究讨论人才培养质量改进及保障措施。

（五）审议学校教学经费预算和教学改革措施等重要事项。

（六）审议教学类奖励评定标准和办法、教学改革项目管理办法。

（七）评审各类重大教学项目。

（八）其他需由人才培养委员会决策的重大事项。

人才培养委员会成员由相关校领导、教学科研单位分管教学的负责人、与教学相关的职能部门负责人及教学经验丰富的教师代表组成。人才培养委员会主任由党委书记兼任。

第四十六条　依据国家有关规定和本章程制定学校人才培养委员会章程，具体明确其组成、职责及成员的产生程序、增补办法，会议制度和议事规则及其他本章程未尽事宜。

第五节　教职工代表大会和校工会

第四十七条　教职工代表大会（以下简称教代会）是以教师为主体的教职工依法参与学校民主管理和监督的基本形式。

教代会在学校党委领导下开展工作，依据《学校教职工代表大会规定》行使相应的职权。教代会的意见和建议，以会议决议的方式作出。

学校教代会每届任期五年，原则上每年召开一次全体代表会议。

学校教代会设立执行委员会，在教代会闭会期间负责教代会日常工作。

第四十八条　学校工会是教职工自愿结合的群众组织，也是学校教代会的工作机构，在学校党委和上级工会领导下，按照《中华人民共和国工会法》《中国工会章程》开展工作，履行相应的权利和职责。

第五章　教学科研单位

第四十九条　学校设立学院、教学系部（中心）、研究院（所、中心、基地）等教学科研单位，并可根据有关规定变更、合并、重组或撤销学校的教学科研单位。

学校本着事权相宜、权责一致的原则，在人财物等方面赋予学院相应的管理权力，指导和监督学院相对独立地自主运行。学院实行党政分工协作、共同负责的管理体制和机制。学院及其他教学科研单位在行使职权时接受学校的指导和监督。

第五十条　学院党总支（或分党委）在学校党委领导下开展工作，负责学院党的建设、思想政治、学生和群团工作，保证党和国家方针政策和学校决定在本党总支（或分党委）得到贯彻执行，支持学院行政负责人履行其职责。学院党总支（或分党委）书记主持本党总支（或分党委）的工作。

第五十一条　学院院长是学院的行政负责人，全面负责本学院的学科专业建设、人才培养、科学研究、学生管理和其他行政管理工作，定期向本学院教职工大会或教职工代表大会报告工作。

第五十二条　学院实行党政联席会议制度。党政联席会议讨论和决定学院工作中的重要事项。有关党的建设，包括干部选拔任用、基层党组织和党员队伍建设等工作，由学院党总支（或分党委）会议研究决定；涉及办学方向、教师队伍建设、师生员工切身利益等重大事项，由学院党总支（或分党委）会议先行把关，再提交党政联席会议决定。

第五十三条　学院设立教授委员会。教授委员会负责本单位重大学术事项的咨询、评定和审议。教授委员会受学校学术委员会和专业技术职务评审委员会委托，承担相应职责。教授委员会委员原则上由具有高级专业技术职务的人员组成。学院有权根据实际情况制定本学院教授委员会的议事规则。

第五十四条　学院建立和完善二级教代会制度。学院教代会是学院教职员工依法参与学院民主管理和监督的基本形式。学院教代会负责听取、讨论学院行政负责人的工作报告及其他专项报告，对学院发展规划、工作计划、学科建设、队伍建设、财务工作、规章制度建设等重大事项，提出意见和建议，讨论通过学院提出的与教职员工利益直接相关的福利、院内分配实施方案，以及相应的教职员工聘任、考核、奖惩办法。

第五十五条　具有独立建制的教学系部、研究院（所、中心、基地）的领导体制、组织结构、决策机制、民主管理和监督机制参照学院执行。学校另有规定的除外。

第六章　教职工

第五十六条　学校教职工是指专职从事教学与科研工作的教师和其他专业技术人员、管理服务人员等。

第五十七条　依据国家相关法律法规和政策，建立完善教职工聘任和管理制度，建立有效激励机制，保障教职工享有各项合法权益和待遇。

学校按照依法制定的管理制度对教职工定期进行考核，考核结果作为聘任、晋升、奖惩的依据。

学校建立教职工发展支持机制，鼓励和支持教职工结合学校要求不断提高自身综合素质和履职能力。

第五十八条　学校充分尊重教师在教学、科研方面的专业权利，依法建立健全学术自由的保障和监督机制。学校遵循公开、公平、公正的原则，进行资源配置、专业技术职务评聘、岗位聘任、学术评价和各种评优、选拔等活动，并接受教师的监督。

第五十九条 学校依法落实与保障教职工的知情权、参与权、表达权和监督权，依法维护教职工的合法权益。设立教职工申诉调解委员会，作为维护教职工合法权益的渠道和途径。

第六十条 学校教职工享有下列权利：

（一）根据工作需要使用学校的公共资源。

（二）获得自身发展所需的进修、培训、相应工作机会。

（三）获得品德、能力和业绩等方面的公正评价。

（四）公平获得奖励、晋升、聘任。

（五）知悉学校改革、建设和发展及关涉切身利益的重大事项。

（六）对学校人才培养、科学研究、管理工作和发展战略提出建议和对策，参与民主管理。

（七）就职务、福利待遇、评优评奖、纪律处分等事项表达异议和提出申诉。

（八）法律法规及学校章程或聘用合同规定的其他权利。

第六十一条 学校教职工应履行下列义务：

（一）认真履行岗位职责，做到教书育人、管理育人、服务育人。

（二）遵守学校规章制度，维护学校利益。

（三）尊重和爱护每个学生，维护学生利益。

（四）遵守学术和职业道德规范，自觉提高业务水平。

（五）法律法规规定及合同约定的其他义务。

第六十二条 学校聘请的各类兼职人员，在学校从事教学、科研活动等期间，依据法律、政策、学校规定和合同约定，享受相应权利，履行相应义务。

第七章　学生

第六十三条　学生是指被学校依法录取、取得入学资格、具有正式学籍的学历教育的受教育者。学生是学校教育教学活动的主体。

第六十四条　学生在校期间享有下列权利：

（一）接受学校教育，参加培养计划安排的各项活动。

（二）利用学校公共教育资源，获得增强实践与创新能力的基本条件保障。

（三）按规定条件和程序重新选择专业，跨学科、跨院系选修课程。

（四）在思想品德、学业成绩等方面获得公正评价，完成学校规定学业并符合相关规定的，获得相应的学历、学位证书。

（五）公平获得在国内外深造学习和参加学术文化交流活动的机会。

（六）公平获得各级各类荣誉称号和奖励，根据有关规定申请奖学金、助学金、国家助学贷款等资助。

（七）依照法律和学校规定在校内组织和参加学生社团及各类校园文化活动。

（八）依法参与学校管理，知悉涉及个人切身利益的事项，对教学活动、教学管理、校园文化、财务和后勤服务、校园安全等提出意见和建议。

（九）获得就业指导和职业生涯规划指导。

（十）对学校给予的处分或者处理有异议的，向学校提出听证要求或向学校、教育行政部门申诉；对学校、教职工侵犯其人身权、财产权等合法权益的，提出申诉或者依法提起诉讼。

（十一）法律法规规定的其他权利。

第六十五条　学生应履行下列义务：

（一）认真学习并按规定的期限完成学业。

（二）珍惜和维护学校名誉，维护学校利益。

（三）遵守学校学籍管理规定和学生行为规范。

（四）遵守学校考试制度和获得学历学位的相应规定。

（五）按规定交纳学费及有关费用，履行获得奖励资助的相应义务。

（六）爱护并合理使用教育设备和生活设施。

（七）法律法规规定的其他义务。

第六十六条　学校建立弹性学习制度，创造开放的科研、创新创业实践条件，鼓励、保护学生自主、自由地学习，形成有利于创造型人才成长的制度环境。

第六十七条　学校对取得突出成绩的学生集体或个人进行表彰和奖励，对违法、违规、违纪的学生给予相应的批评教育或纪律处理、处分。

第六十八条　学校对家庭经济困难的学生予以资助，确保学生不因家庭经济困难而失学。

第六十九条　学校为学生提供心理健康教育咨询、创业就业指导与推荐等服务。

第七十条　学生会是党领导下的主要学生组织，是学校联系广大同学的桥梁和纽带。学生会在学校党委领导、校团委和北京市学联指导下按照其章程开展活动。校学生会须按照《中华全国学生联合会章程》规定并报学校党委批准。每一年召开一次学生代表大会。

第七十一条　积极拓展学生参与学校民主管理的渠道，不断完善学生代表大会制度。学生会可通过代表提案机制、组织开展校领导接待日、学生组织负责人列席学校办公会议等方式，参与学校学生奖惩、后勤管理等学生事务的民主管理。

第七十二条　学校建立学生申诉调解委员会，维护学生的合法权益。

第八章　学校与社会

第七十三条　学校设立中华女子学院理事会（以下简称理事会）。理事会是支持学校发展的咨询、协商、审议与监督机构，是实现学校科学决策、民主监督、社会参与的重要组织形式和制度平台。

学校制定学校理事会章程，明确其在促进学校与社会联系、争取社会支持、完善校外监督机制及学校重大改革发展决策等方面的作用，保证理事会的代表性和权威性。健全学校与理事会成员之间的协商、合作机制，为理事会及其成员了解和参与学校相关事务提供相应的条件保障和工作便利。

第七十四条　学校理事会由以下几方面的代表组成：

（一）全国妇联、学校业务主管部门、共建单位的代表。

（二）学校领导、相关职能部门和学术组织负责人、教师、学生的代表。

（三）支持学校发展的地方政府、行业组织、企业事业单位和其他社会组织等理事单位的代表。

（四）杰出校友、社会知名人士、国内外知名专家等。

学校理事会原则上不少于 21 人，每届任期一般为五年，理事可以连任。

学校理事会的组织、职责及运行的具体规则，会议制度，议事规则，理事的权利义务、产生办法等，通过理事会章程予以规定。学校理事会章程经理事会全体会议批准后生效，并由学校向社会公布。

第七十五条　学校设立校友会。校友会由学校主要领导、相关部门负责人和各地校友会代表组成，依据国家有关规定及章程开展活动。学校鼓励校友参与学校的建设与发展。

第七十六条　学校依法成立教育基金会等经费筹措机构，面向国内外各界筹措资金，促进学校建设和发展。基金会依据国家法律、法规和基金会章程开展相关活动。

学校设立基金管理委员会，负责管理和使用学校接受捐资设立的基金，指导基金会开展募集社会捐赠资金工作。

第九章　经费、资产和后勤

第七十七条　学校的经费来源主要包括财政补助收入、事业收入、经营收入、上级补助收入、附属单位上缴收入和其他收入。依法收取学费及有关费用，积极拓展办学经费来源渠道，鼓励和支持校内各单位面向社会筹措教学、科研经费及各类奖助基金。

学校严格执行国家财经制度，建立健全经济责任制度和审计监察制度，保证资金安全、高效运行。

第七十八条　学校国有资产包括用国家财政资金形成的资产、接受调拨或者划转置换形成的资产、接受捐赠并确认为国有的资产和其他国有资产，其表现形式为流动资产、固定资产、在建工程、无形资产和对外投资。

学校依法对取得或者形成的国有资产实施管理。建立健全资产管理制度，合理配置资产，提高资产使用效益。依照国家国有资产管理规定使用和处置国有资产。

学校加强对无形资产的管理，保护并合理利用校名、校誉和校有知识产权。

第七十九条　学校建立健全后勤管理和服务体系，重视信息资源的建设和管理，为师生的学习、工作和生活提供有力保障。

第十章　学校标识及其他

第八十条　校训为"崇德、至爱、博学、尚美"。

第八十一条　校标整体为圆形，象征团结与不断发展。

校标内围主体造型由三颗心组成，象征崇德之心、至爱之心、博学之心。三颗心形交叉组成的"女"字，凸显学校特色和定位，三颗心交融标志着师生同心同德。三颗心的外围如美丽绽放的花朵，彰显尚美之心。

校标外围为中英文校名组合。中文居上，表明主体性；英文居下，表明国际性。

校标颜色采用红白标准色。红色象征理想与活力、热血与忠诚，白色象征圣洁与高雅、光明与和平，红白相间寓意学生追求理想、报效祖国、服务社会的决心。

第八十二条　校徽为印有中华女子学院校名的长方形证章，分教工和学生使用两种。教工的校徽为红底黄字，本科、高职学生的校徽为白底红字，研究生为黄底红字。

第八十三条　校旗印有"中华女子学院"校名和校标。

第八十四条　校歌是 1994 年集体作词、雷蕾作曲的中华女子学院校歌。

第八十五条　校庆日为每年的 8 月 15 日。

第十一章　章程的核准、实施与修订

第八十六条　本章程经学校教职工代表大会讨论后，提交校长办公会议审议和学校党委会审定，由学校法定代表人签发并报全国妇联同意后，上报国务院教育行政部门核准。经国务院教育行政部门核准后的章程，向全校和社会公布。

第八十七条　本章程是学校实施依法治校、实行自主管理的基本依据。全校各级各类组织机构、教职工和学生，必须以本章程为根本准则，维护章程尊严，保证章程实施。

学校依照本章程制定或修订相应规章制度。学校各项规章制度均应符合本章程精神，不得与本章程相抵触。

第八十八条　本章程具有下列情形之一时应予修订：

（一）章程依据的法律法规或教育政策发生变化。

（二）学校举办体制与管理体制发生变化。

（三）学校的办学理念、办学目标发生变化。

（四）其他需要修改章程的情形。

修改章程应由校长向教职工代表大会提出并说明修改理由。章程修正程序应与章程制定程序一致，并经全国妇联同意、报国务院教育行政部门核准后，由学校全文公布修订后的文本。

第十二章　附则

第八十九条　本章程由学校党委常委会负责解释。

第九十条　本章程经核准，自发布之日起实施。

附录2　我为什么研究女建筑学家林徽因

20世纪90年代以来，介绍林徽因的文章与日俱增，林徽因的作品成为畅销书籍。本人研究发现，从1993年林杉的《一代才女林徽因》问世至2021年二十八年间，中文版"林徽因传"超过20部（包括与梁思成合传）。故关于林徽因的重复式、人云亦云的传记不太必要。但是，迄今为止，尚没有一部系统研究林徽因的"评传"。基于十几年的研究积累，本人将尝试撰写一本"林徽因评传"。研究林徽因的学术价值和实践价值不言而喻。

一、林徽因是现代中国爱国知识分子的典范

民国时期是中国社会急剧变革的时代。那时，西学东渐，中西文化融流，大师英才辈出。其中，一批融传统与现代为一体的新女性，以个性和才情谱写了一曲曲精彩的人生之歌。中华人民共和国成立后，她们英姿勃发，把智慧才干奉献给祖国和人民，成为各行各业的巾帼英雄。尤其是那些出身名门、受过中西教育的名媛淑女，更以其才学、爱情、婚姻和事业，成为同时代及后世人津津乐道的谈资。在这些广被谈及的名媛佳丽中，林徽因无疑是知识女性的杰出代表。

林徽因究竟是一个什么样的女子？在不同人眼里是不尽相同的。有位作家写道："女人们对她总是两边倒的态度，欣赏的奉为指路明灯，恨不能按模子复刻一份爱情和事业双丰收的灿烂人生；不入眼

的鄙夷她虚伪作秀，花蝴蝶一般穿梭在男人堆里，靠绯闻、花边博得美女兼才女的虚名。"❶

系统梳理发现，人们对林徽因的看法有褒有贬，但总体上是褒多于贬。在给林徽因的诸多褒扬中，使用频率最高的是"美女""才女""才貌双全"等词语。抛开捕风捉影的八卦和过度的溢美之词，林徽因给笔者留下的深刻印象：她是一位有思想、有个性、有人格魅力的知识女性，是才貌双全、知识渊博、爱国爱家的建筑学家和人文大师，她称得上是真善美熔铸的合金女人。每次读完好的关于林徽因的书籍或文章，尤其是读到写她穷困潦倒、卧病不起的章节，还有她告别人间四月天的那份凄凉，作为一个大男人的恻隐之心不禁油然而生。

在我看来，林徽因的一生是短暂辉煌而持久哀艳的一生。如同陈新华教授所言："和短暂的荣耀相比，疑问和困惑持久不息，追随了他们一生。最终，他们成了逆时代的力量，成了最忠诚的反对者，在孤独和寂寞里走到生命的尽头。"❷林徽因的美丽与才华、性格与人品、家庭与事业，以及她的苦难与坎坷、哀愁与失落、灿烂与辉煌，都令同时代和当代人惊叹不已。而作为一个事业与家庭、工作与生活"双赢"的女性知识分子，林徽因的成长发展道路对当代知识女性特别具有德炳丹青的价值。故以林徽因作为个案研究，对于研究近现代中国杰出女性具有普遍意义。

---

❶ 李筱懿.灵魂有香气的女子（林徽因）[M].南京：江苏文艺出版社，2013：28.
❷ 陈新华.风雨琳琅：林徽因和她的时代 [M].北京：中信出版集团，2020：702.

二、近些年林徽因的形象被肆意歪曲

我关注林徽因有十好几年了。最初只是作为一般读者或者假"林粉"关注她。确切地说，源于徐志摩的那首名诗《再别康桥》和电视剧《人间四月天》。我把林徽因作为学术研究课题，只是微信诞生之后的事情了。近七八年来，我放下系统学习和实际从事的教育学专业，全身心投入对林徽因人物研究中来——查阅不同版本的林徽因传记、研读林徽因的经典著作，梳理她的生平事迹，挖掘她的思想财富，并通过讲座、微信群和公众号等途径，与广大关注林徽因的读者、作者、学者切磋交流。在我组建的超过1000人的"人间四月天"（曾建有"新太太客厅"），群友们经常为"林徽因"争得面红耳赤，有时还可能不欢而散。究其原因，一方面是由于大家所持的立场不同，本质上是"三观"有差别；另一方面是大家的"论据"不同，即阅读面广度及阅读材料的质量有差异。

当前已经出版的关于林徽因的传记类作品，比较突出地存在功利动机明显、写作内容重复、文学想象偏多、优秀品质彰显不足等问题或缺憾。有人统计，在2010年前出版的"林徽因传"仅5部，其余都是2010年之后出版的，将这种前后不平衡理解为迎合读者心理、带有商业盈利目的或许并不过分。❶有学者指陈现存的"机械罗列零散的事实和过度的文学想象"现象，批评"敷衍铺陈、浮华不实、任情揣测、媚俗媚商的应景之作"❷。陈学勇教授坦言，由

---

❶ 张立群，时世平."林徽因传"的现状考察[N].文艺报，2015-09-30（008）.
❷ 姚雅欣."林徽因传"离林徽因有多远[J].新华文摘，2004（15）：125.

于传记作者占有的资料不足，"他们靠想象、虚构来补救"❶。清华大学建筑系首批毕业生一针见血指出："这些作品往往没有把她（林徽因）的一些最令人敬佩、怀念的优秀品质表达出来，有的还有炒作之嫌。"❷

最令人吃惊的是，近些年来，伴随文化泛娱乐化潮流，本来非常励志的知识女性典范林徽因，被某些不负责的作者或媒体以八卦之心揣摩审视，把她丑化了、戏剧化了、妖魔化了，有的简直到了令人发指的程度。"对林徽因的生平经历稍稍有所了解的人，只要翻下去，就会发现书中内容是多么的单一，作者的价值观是多么的褊狭，好像林徽因一辈子没干过别的什么事情，只是围绕着客厅转了，只是周旋在几个男人之间了。"❸ 于是，有良知者大声疾呼：请勿将"民国女神"八卦化！

面对林徽因被胡乱戏说、被恶意歪曲的现象，面对林徽因人格魅力或优秀品质彰显不足的现实，作为一位尊敬林徽因、研究林徽因的学者，我不能袖手旁观，不能让错讹的东西误导读者。所以，我深感有责任通过系统深入研究，告诉不尽知情的今人和后人：真实的林徽因到底是一个什么样的女性。

三、学术意义上的林徽因研究十分薄弱

文献检索发现，当前学术界对林徽因的关注度越来越高，对她

---

❶ 陈学勇. 莲灯诗梦：林徽因（后记）[M]. 北京：人民文学出版社，2017：479.

❷ 朱自煊. 忆林徽因先生二三事 [J]. 建筑创作，2004（5）：115-116.

❸ 刘云云. 请勿将"民国女神"八卦化 [N]. 天津日报，2016-05-04（013）.

的生平史料和作品的挖掘、考证、整理出版比较重视，对她的文学才华和创作风格等给予了较多的关注。● 从已经出版的 20 多部"林徽因传"看，学术性较强、质量上乘的"林徽因传"不多，基于系统研究的"林徽因传"极少，"林徽因评传"还是一块空白。总体来讲，关于林徽因的学术研究还十分薄弱。

相比而言，陈学勇教授的《莲灯诗梦：林徽因》（此前称《莲灯微光里的梦：林徽因的一生》认可度比较高。● 陈教授是林徽因研究的权威专家。他首先编辑、出版了《林徽因文存》《林徽因寻真——林徽因生平创作丛考》，然后在前者基础上撰写"林徽因传"。《莲灯诗梦：林徽因》坚持记述与研究相结合，是优质的传记文学作品，也是研究林徽因的辅助著作。

林徽因、梁思成的美国好友费慰梅（Wilma Fairbank）所著《梁思成和林徽因》（成寒、曲莹璞等分别翻译），也颇值得肯定。在我看来，该书的可信度、学术价值都比较高。读过此书的女诗人翟永明评价说："比起国内，包括台湾作家所写的传记来，这是一本真正严谨、有学术和文献意义、弥足珍贵的传记。"●

陈新华著《风雨琳琅：林徽因和她的时代》也很不错。该书是继 2003 年《百年家族：林徽因》之后完成的。作者先后以两种叙事方式讲述了关于林徽因的故事：一个是作为新型知识女性的林徽因，

● 班业新 . 新时期以来林徽因研究综述 [J]. 商丘师范学院学报，2007（7）：38.

● 韩石山在《从林徽因传看人物传记写作衰象》（见《文学报》2013 年 12 月 5 日第 018 版）也认为，陈学勇先生的林徽因传记"是林氏传记的最高水准"。

● 翟永明 . 林徽因在李庄 [J]. 现代装饰，2013（3）：134-135.

她的个体成长和生命体验；另一个是从父辈的林长民、梁启超到林徽因、梁思成和他们的朋友们，从末代的"士大夫"转向新型知识分子的命运图鉴。特别是后者再现了林徽因那一代知识分子在剧变、忧患的时代下的来路与归途、勇气与坚持、软弱与改变、浮沉与思考❶。

进一步梳理不难发现，当下关于林徽因的传记存在"三重三轻"的现象，即重视林徽因的情感轶事、轻视其科学精神，重视林徽因的外在容貌、轻视其内在才华，重视林徽因的文学成就、轻视其建筑学贡献等。

例如，在多部林徽因传记类作品中，"情感纠葛"篇幅占比重很大。不少作者拼命演绎所谓"三段恋情""同时爱上两个男人"，而对林徽因的爱国、独立、执着等人格特征缺少研究，对她在艰辛逃难岁月和病入膏肓时表现出的坚强、乐观、进取等关注得太少。

又如，比较注重林徽因肤色好、衣着得体等外在的美丽，忽视她的文化涵养、真善美统一等内在的东西，林徽因的人格魅力没有凸显出来。

再如，除费慰梅、陈学勇等少数作者关注了林徽因在建筑学或建筑艺术领域的贡献外，多数人只把笔墨落在她的诗歌、散文、小说等文学成就上，知识渊博、学贯中西、富有创造力的"文艺复兴式"大师形象展现不足。

---

❶ 蔡敏.走出才女和名媛窠臼的林徽因——看《风雨琳琅》如何解构知识分子的命运 [N].
中国妇女报，2020-03-31.

此外，大多数作者没有访问林徽因的亲友、后人，对有关林徽因的最新研究成果关注得不够。有些传记根本没有注明引用资料的来源，有的传记甚至连参考书目都没有列出或者列得过于少。

人们之所以对林徽因传记写作感兴趣，主要是因为林徽因作为一代"才女"的身份，或者因为林徽因家庭背景和人际关系的特殊性。一些林徽因传记的作者并没有对林徽因的生平和思想进行深入的研究，却对林徽因生平的传奇色彩和浪漫情调进行失真的夸张和渲染。从某种意义上说，这是由林徽因研究在理论上的欠缺所必然导致的结果。❶

四、林徽因给中国女性留下的精神财富

当前我国社会正处于一个深刻变革的时代。随着经济发展、改革深入、开放加大，特别是互联网、人工智能等新技术发展，人们生存、发展、情感、婚姻和家庭等领域问题越来越多，青少年成长的国内国际环境更加复杂，学校教育的正向功能常常被消解。面对建成社会主义现代化国家的各种挑战，全国人民在习近平新时代中国特色社会主义思想指引下，团结奋斗、发愤图强，努力实现中华民族伟大复兴的中国梦，而如何实现中国梦语境下的妇女梦、家庭梦，也是摆在广大女性面前的重大课题。其中，寻找可效仿的优秀女性典范是不可或缺的手段。

李安安、李筱懿分别在《民国红颜》《灵魂有香气的女子》里再

---

❶ 姚雅欣.近年林徽因传记写作及其研究理路 [J]. 齐鲁学刊，2005（1）：115-117.

现了民国名媛的光环与辛酸、美丽与哀伤，两位作家给人们的深刻启示：那些传奇女子"只不过是活得很努力的普通人"，在大致相同的人生境遇里，"她们更懂得经营自己"。在我看来，林徽因就是这样一位很努力地生活、善于经营人生的普通女人。从时间维度看，林徽因出生于清朝末年，跨越民国时期与中华人民共和国时期两个时代。她的思想观念、眼界和行动都走在时代前面，其思想光华、人生经验和人格魅力，对于今天的中国女性具有激励价值。

林徽因这一个案非常值得今天的教育学、女性学、文化学者去研究。对照今天的社会主义核心价值观、人才观和性别观，林徽因是爱国、敬业、诚信、友善的好公民，是全面发展、博学多才、真善美相结合的知识分子，是独立、坚强、爱生活、追求家庭事业平衡的新女性，是称职母亲、志同道合的妻子、可敬的建筑学家和文学家。林徽因虽然"生得好""长得好"甚至"嫁得好"，但决定她成功幸福的主要因素是她自己——"学得好""干得好"！她虽然出身名门，但没有享受多少福分，大二时父亲就意外身故而且没留下什么遗产；她天生丽质，但婚后的大半生疾病缠身；她"嫁得好""干得好"是以自己"学得好"作为垫脚石的。可以说，林徽因精彩的人生主要是靠自己顽强拼搏得来的。因此，林徽因研究具有重要的教育学、女性学等多方面的意义。

林徽因无疑是当代女性成长成才的一部好教材。深入研究林徽因，借此反思我们的文化传统，反思我们的妇女－性别观，反思我们的教育制度（包括学校、家庭和社会教育），有利于克服传统的性别教育偏见，探索利于女孩成长的教育环境，锚定女子学校教育改革方向，培养热爱生活、追求家庭事业平衡发展的新女性，培养具有"四自"精神、知性高雅的女性人才，这就需要为各个教育阶段的女生寻找东方优秀女性标杆。

深入研究林徽因，不是追星族、赶时髦，而是挖掘其精神力量、教育价值和时代意义。相对于林徽因那个时代，今天中国女性所处的环境，显然是更优越、更开放、更包容的，今天女性没必要也不可能重复她走过的艰辛道路。但是，距今不远的中国现代史上，有林徽因这样的优秀女性的存在，可以帮助今日女性更好地理解成长历程，领悟什么是真、善、美，女性怎样生活更有意义，如何实现女性自身的价值，等等。

总之，作为现当代中国女性的一盏明灯，或者说一面镜子，林徽因给当代及后人最大的遗产是"女性成功学"或称"贤女教育学"。我深信，林徽因的天平价值、标杆效应、励志形象，能够激励万千中国女性，挖掘自身潜能，追求自我完善，做新时代全面发展健康幸福的新女性。

附录 3　林徽因的人格美及其教育学意蕴❶

　　林徽因是近现代中国的一位传奇女子，她的才情、容貌、成就等都非常出众。因此，她容易引起男性关注，也容易招致女性嫉妒。由于缺少系统的研究，后人对这位非凡女性的评价与其成就并不相称。前些年，由于相关电视剧和文学作品的影响，海内外炒作较多的是林徽因的爱情逸事；近些年，缘于林洙的一些爆料，网络媒体又把她歪曲为绯闻女神。但是，从我读到的林徽因本人的一些著作、其亲朋好友撰写的回忆文章，以及陈学勇、费慰梅等著的七部传记看，真实的林徽因是一个称职的妻子、贤良的母亲、可敬的建筑学家和文学家，是爱国、敬业、顾家、美丽、善良、独立、坚强、才华出众的中国新女性。本文试从教育学、心理学等视角，对林徽因的人格特征进行概要分析，并对其教育学意义作初步探讨。

一、林徽因的人格魅力

　　林徽因有其独特的生命历程和人格魅力。五四运动以后，中国诞生了一批现代知识女性。她们身处社会危难之中，以献身国家为己任，英姿勃发、才华尽展，成为无愧于时代的英雄。中华人民共和国成立以后，她们的际遇虽各不相同，始而如逢甘霖，继而受挫迷惘。林徽因的人生与她们大同小异。故以林徽因作为个案进行人格研究，具有教育学、人才学、女性学等多方面的意义。

---

❶ 本文曾以《林徽因的人格魅力及其教育学意义》为题发表于《中华女子学院学报》2017年第 1 期，收录时标题和内容均作了修改。

人格是一个没有统一定义的心理学术语。有的认为人格就是个性，有的认为人格包括性格和气质两部分。据美国心理学家澳尔波特 1937 年统计，人格定义多达 50 多种，现代定义也有 15 种之多。简单地说，每个人的行为、心理都有一些特征，这些特征的总和就是人格。综合国内外心理学的研究成果，本人将人格界定为个体在遗传、环境、教育等因素交互作用下形成的稳定的心理与行为特征总和。由此观之，林徽因是一个颇有人格魅力的现代东方女性，其人格特征突出地表现为以下四点。

（一）独立的现代女性意识

用我们今天的话来说，林徽因是一个"五好女人"，她生得好（家庭出身）、长得好（长相甜美）、学得好（学业优异）、嫁得好（门当户对）、干得好（事业有成）。从女性主义视角来看，林徽因是一个具有独立人格的现代女性，是"自尊、自信、自立、自强"的新女性典范，也是一位多才多艺、家庭与事业平衡的成功女性。

林徽因成长于亦旧亦新的时代和家庭，接受的是亦中亦西的教育和文化熏陶，她自称是"在两种文化的教养下长大"，两种异质文化在她身上磨合，赋予了她丰富的人格内涵。她是"穿旧鞋走新路"的中国女性。时代风云际会，使她内承庭训、外受西学，从而成为新一代知识女性。相对而言，林徽因从西学中获取的对自我价值、平等自由、独立人格的认识，超过了对"三从四德""贤妻良母"的认同。但当她走出传统的女性天地，立志实现自己的生命价值时，也感到一张新旧交织的文化潜网，无时不在、无处不在。

　　林徽因的精神特质呈"叛道"与"守道"共存的特征：一方面，她"一生中很少表现出三从四德式的温顺，却不断地在追求人格上的独立和自由"；另一方面，她不自觉地以传统礼教标准来要求自己，其行为举止具有浪漫的色彩，但囿于早年家庭教育文化影响，展现出古典蕴含的闺秀风范。宁静、持重，"乐而不淫，哀而不伤"的基调构成了林徽因"守道"的特色。这在林徽因的文学作品里有着鲜明的反映。

　　林徽因是从小就有事业理想的女性。她不到16岁便随父亲一起周游欧洲，受英国房东等人的影响，对建筑学产生了浓厚兴趣，从此萌发了成为一名建筑学家的理想。从欧洲回国并与梁思成确定恋爱关系之后，她鼓励梁思成学习建筑学。后来，林徽因通过自己的努力考取了留美预备生，与梁思成一同去美国宾夕法尼亚大学学习建筑学。但是，那时美国大学顾及建筑学专业要到野外作业而拒收女生，于是林徽因只好通过"曲线救国"（选读美术系但旁听建筑系所有课程）的方式，终于圆了自己的建筑学梦。我认为，单就这一点，林徽因就可以在中外现代教育史上大书特书一笔了。

　　林徽因具有冷静独立的情爱意识。人艳如花、才华横溢的林徽因，曾吸引了不少青年才俊的目光。但她选择爱情的方式十分理性和果断。她的爱情观，是以西式的浪漫真挚为主，但不乏东方的含蓄与理性。这从她的爱情诗中得到了一定的反映。她与梁思成属于自由恋爱，但二人婚姻也要归于梁启超的精心运作。在英国留学期间，林徽因经受住了徐志摩的猛烈追求，没有一味"跟着感觉走"，那份自重、自爱和理性，可谓她人格独立性的一种表现。实践证明，林徽因是梁启超的贤惠儿媳，是梁思成的淑雅之妻，是一双儿女的称职母亲，而且还是一位坚强的妻子和温柔的母亲。这在北京、辽宁、云南、四川、山西等多地生活都得到了印证，在儿女的回忆录中有生动详尽的描述。

> 我们入川后不到一个月，母亲肺结核病复发，病势来得极猛，一开始就连续几周高烧至四十度不退。李庄没有任何医疗条件，不可能进行肺部透视检查，当时也没有肺病特效药，病人只能凭体力慢慢煎熬。从此，母亲就卧床不起了。尽管她稍好时还奋力持家和协助父亲做研究工作，但身体日益衰弱，父亲的生活担子因而加重。更使父亲伤脑筋的是，此时营造学社没有固定经费来源。……食品愈来愈贵，我们的饭食也就愈来愈差。母亲吃得很少，身体日渐消瘦，后来几乎不成人形。母亲不发烧时也大量读书做笔记，协助父亲作写中国建筑史的准备。她睡的小行军帆布床周围堆满了中、外文书籍。

作为一名建筑学家、诗人和作家，作为身患肺病的病人，林徽因要扮演贤妻、慈母、孝女等多重角色，显然比一般女性要付出更艰辛的努力！这已经证明其人格的魅力和平衡家庭事业的能耐。无论在事业还是家庭生活中，梁林都表现了"夫妻齐心、其利断金"的婚姻状态。梁思成在中国建筑学方面的贡献与林徽因是密不可分的。一方面，梁思成的后妻（林洙）在建筑学上有"去林徽因"的倾向，一定程度上掩盖了林徽因的建筑学成就；另一方面，林徽因与丈夫梁思成经常不分彼此、不计名利地工作，由于常人的性别偏好，很可能将光环选择性地圈在"男人"（梁思成）脖子上，而忽略了妻子（林徽因）的那份贡献。

林徽因丰富的学识修养、疾病的磨难、颠沛流离之苦等远远超出一般的女性，而与男性学者们相比，她关注人生和社会的视角又具有女性特有的感性与敏锐。所以，她能从大处着眼，不是随波逐流之辈。林徽因对妇女解放既有理智的认识，又有理性的质疑。她不曾高喊激进的女权主义口号，而是把女性的独立与进取当作理所当然的事，用完全与男性平等的心态，从容处理感情、家庭与学术上的种种问题。在男性处于主导地位的 20 世纪 30 年代，林徽因在"太太客厅"中表现出的女性主导者的姿态，正是基于她的才华和充分的自信。林徽因在较大程度上将独立、自信的现代女性意识，投射到了文学创作中，"从意境古典、语言唯美的诗歌中体现独立自信的现代女性意识，令她的作品在中国现代诗坛独树一帜"。

林徽因很可能是现代中国改写知识话语史的第一位女性。她投身建筑活动并创造性提出"建筑意"概念，在文学之外将女性经验和主体意识带入建筑学这个"男性化"的现代知识场域，提醒人们关注这个传统中被有意无意遮蔽、省略的另一面。这算得上在现代知识领域开中国女性主义之先河，因而对今天女性学研究非常具有现实意义。

（二）炽热的爱国主义情怀

林徽因持有一颗爱国之心，是一个忠实的爱国主义者。在她的文学作品中就流露出这种炽热的爱国之情和深沉的民族忧患意识。

因为心中有大爱，所以在生死关头，她能表现出非凡的大丈夫气概。例如，在四川李庄物资匮乏、贫病交加的日子，身患肺病的林徽因被医生诊断至多能再活 5 年，可是，她躺在床上撰写了《现代住宅设计的参考》（油印发表），介绍欧美国家的经验，为低收入者设计住房。在抗战结束及中华人民共和国成立后，她为中国城市重建殚精竭虑，为保护古建筑、老北京城和景泰蓝等，鞠躬尽瘁，死而后已。

林徽因从不崇洋媚外。她虽然受过正宗的欧美教育，会说流利的英语，会写漂亮的英文，且回国后按西方习惯喝下午茶，但熟悉她的人都知道，她绝不是一个崇洋媚外的人。林徽因告诫国人："洋鬼子们的浅薄千万学不得。"她非常痛恨当时国民政府的腐败无能，并且与离开祖国大陆和去我国台湾的知识分子决绝地断交，其中包括给予她不少帮助的胡适等友人。

发扬中国建筑传统是林徽因毕生的追求。这份赤诚在外敌入侵之际表现得尤其感人。她很早就警觉到日寇的亡我之心，对亲友中有的民族意识淡薄义愤不已。当"七七事变"卢沟桥炮响，她立马写信给不在身边的女儿梁再冰（7~8 岁），勉励她说："如果日本人要来占北平，我们都愿意打仗，那时候你就跟着大姑姑那边，我们就守着北平，等到打胜了仗再说。我觉得现在我们做中国人应该要顶勇敢，什么都不怕，什么都顶有决心才好。"❶

当北平陷落后，她和梁思成接到了日寇的请帖，但毫不犹豫扔

---

❶ 梁从诫. 林徽因集（小说、戏剧、翻译、书信）[M]. 北京：人民文学出版社，2014：176-177.

下家产，连夜离开了故都，去面对物质生活的巨大落差。从此，她扶老携幼、颠沛流离，而且身体每况愈下。在昆明街头，她提着瓶子，打油买醋；在四川李庄，她穷困到买不起鞋，儿子只好穿着最便宜的草鞋上学。长期穷困的物质生活，销蚀了林徽因的生命；不到四十岁的盛年，她形貌憔悴苍老，疾病使她如风中残烛。为了挽救这一美丽的生命，美国友人费慰梅夫妇或写信，或当面劝告她去美国疗养，并建议梁思成赴美讲学。然而，她多次作出了坚毅的回绝，选择留在祖国，与同胞患难与共。

在那漫长的颠沛流离的岁月里，有的知识分子经不住煎熬，逐渐变得颓唐。而林徽因除了哀怨自己的病身成为抗战的累赘外，或者昂扬亢奋地与孩子高唱《义勇军进行曲》，或者教他们朗读《唐雎不辱使命》，背诵"王师北定中原日，家祭无忘告乃翁"。林徽因曾经和幼时的梁从诫有过一段感人的对话。儿子问林徽因："如果日军打进四川了怎么办？"她回答说："中国念书人常有一条后路，门口不就是扬子江吗？"儿子又着急地问："我在重庆上学，你们就不管我啦？"她不无歉意地、轻轻地、仿佛自语道："真要到了那一步，恐怕就顾不上你了！"这才是读书人的气节，这才是中国知识分子的品质！幸好后来局势没发展到那一步。

（三）求真的知识分子品格

今天人们对林徽因的文学成就（特别是诗歌）可能了解得多一些。其实，林徽因主要是一位很有社会责任感的建筑学家，也是中国建筑学的奠基人之一。20 世纪 30 年代，在美国学成之后，林徽因随梁思成回到兵荒马乱的旧中国，成为中国营造学社的顶梁柱。后来，她和梁思成一道，先后在东北大学、清华大学创办了建筑系，为中国建筑学发展作出了重要贡献。所以，吴良镛院士曾两度提议，在清华大学建筑学院的门厅，在梁思成塑像旁边补上林徽因的像。在那战火绵绵的动荡社会，在经济萧条、科学落后的旧中国，一只脚踏在阎王殿门槛的林徽因，拖着肺结核的身躯，与梁思成一起，为中国建筑学呕心沥血，源于她的敬业精神、献身精神和知识分子人格。

林徽因是一位敬业并善于合作的建筑学家。她是梁思成长期的有力的合作者，奠定梁思成地位和成就的重大发现、重要著作，其中都有林徽因的一份功劳。她的子女、同事、亲友都一致认为，如果没有林徽因的并肩努力，很难想象梁思成能取得那样的辉煌业绩。故我国建筑学界通常会拿梁、林并称。作为一名建筑学家或科学家，林徽因对民居研究超前的关注，对以景泰蓝为代表的旧工艺的继承改造，以及国徽设计中她的突出作用，也是其辉煌人生的重要组成部分。

林徽因是一位坚强勇敢的科学工作者，是一位能吃苦的考古测量人员。为了寻找考察遗存的古代建筑，她无数次地在穷乡僻壤奔波，或泥泞跋涉，或黄沙扑面，有时住"鸡毛小店"，难免惹一身跳蚤。她测量高塔爬上数十米的塔顶，随时都有坠落的危险，有时就相当于站在死亡门槛上。每次考察回来，林徽因拖着重病之躯，不分昼夜地描图、著述。在医生宣告她不久于人世的日子里，她完成了国徽的设计任务。

林徽因是敢于坚持真理的科学家。她对建筑的显著贡献不仅在于成功的业绩，而且包含失败的努力。她有时需要冒着巨大的精神压力和政治风险而工作。据梁再冰回忆，1953 年，林徽因强撑病体去找北京市领导，当面向一位副市长忠告道："你们拆的是有八百年历史的真古董！将来，你们迟早会后悔，那个时候你们要建的就是假古董！"后来的历史证明，她和梁思成曾经的坚持是多么正确。

林徽因还是不搞特权的知识分子。1946 年年底，林徽因的女儿梁再冰报考梁、林所在的清华大学。梁再冰的考试分数没有达到清华大学的录取标准。如同一般的父母一样，林徽因心想会不会是判分有误，于是请人调阅女儿的试卷，查看结果是：没有错判、漏判。其实，凭着梁家在清华大学的特殊性，特别是二人保护古建、古城的贡献，梁再冰进清华学习，也不是完全不可能。但是，梁林夫妇平静地接受了现实，没有动用任何特权关系，最后让女儿改投北京大学西方语言文学系学习。

（四）高雅的审美主义追求

林徽因是天生丽质的漂亮女人，更是一个热爱生活、富有情趣的女性。流传下来的林徽因青春时代和中年早期的照片，便可见一斑。就连梁思成的后妻——林洙这样一个身份特殊的女性，也不得不发出感叹："我承认一个人瘦到她那样很难说是美人，但是即使到现在我仍旧认为，她是我一生中见到的最美、最有风度的女子。她的一举一动、一言一行都充满了美感、充满了生命力、充满了热

情。……当你和她接触时，实体的林徽因便消失了，感受到的是她带给你的美和强大的生命力。"❶

林徽因是唯美意识极强的女人，是一个爱美、懂美、会美的女人。其唯美意识不仅体现在其诗歌、小说等作品中，还见诸于给亲友们的信函中。她的《你是人间的四月天》，更是意象表达的千古绝唱。林徽因对任何美的景、美的人、美的事都会兴奋。即使身处困境或身体极差的状况下，她也保持这份唯美的意识。例如，在战乱中的昆明，在病入膏肓的时候，她仍旧觉得"昆明永远那样美，不论是晴天还是下雨。我窗外的景色在雷雨前后显得特别动人。在雨中，房间里有一种难以言状的浪漫氛围——天空和大地突然一起暗了下来，一个人在一个外面有个寂静的大花园的冷清的屋子里。这是一个人一生也忘不了的。"

林徽因是感性、重情的女性。她觉得在"横溢奔放"的情感中，能抓住一种生活的意义。所以，她主张生活要体验丰富的情感，如此方能包容、了解、同情种种"人性"，能懂得自己，使自己变得丰富和宽大。在给沈从文的信中，林徽因阐释："我所谓极端的、浪漫的或实际的都无关系，反正我的主义是要生活，没有情感的生活简直是死！……如果在'横溢'和'僵死麻木的无情感'中叫我来拣一个，我毫无问题要拣上面的一个，不管是为我自己或是为别人。人活着的意义最基本的是能体验情感。"

林徽因是一个有品位的女人，东方美女的娴静和端庄，在她身

---

❶ 林洙.梁思成、林徽因和我 [M]. 北京：中国青年出版社，2011：11.

上得到了淋漓尽致地展现。她常穿一身合体、质量上好、做工精细的旗袍，既朴素又高雅，自从结婚后，基本保持那种打扮。林徽因的品位还表现为中西结合的生活方式，包括在英国养成的喝咖啡习惯。至于她的"太太客厅"，更是"谈笑有鸿儒、往来无白丁"的高大上沙龙，朱光潜、梁宗岱、徐志摩、金岳霖等一批名流学者常常聚于此，谈论文学、艺术甚至更广阔的话题。在这个中国式的文化沙龙中，林徽因以天马行空的灵感、超人的洞察力和精辟诙谐的言论，占据了沙龙的气场。有资料表明，她还是当时京城另一个高档沙龙——"来今雨轩"的主角之一。

　　林徽因是一位杰出的美学家。美国友人费慰梅（Wilma Fairbank）称赞她"是当时你所遇到的人中能够向任何方向发展的一个艺术家"。陈学勇教授发出感叹："林徽因在文学与科学两个领域里都青史留名，这样的女作家没有，这样的男女建筑学家也没有，男女科学家里亦属罕见。"林徽因是灵秀又含风骨的文学家和建筑美术家。她把冰冷的建筑科学，注入诗人的热情，创造性提出了"建筑意"的概念。她说："这些美的存在，在建筑审美者的眼里，都能引起特异的感觉，在'诗意'和'画意'之外，还使他感到一种'建筑意'的愉快。"可以这么说，林徽因的建筑研究充满人文色彩，林徽因的文学作品散发理性光辉。

二、林徽因的教育学意蕴

　　从今天所谓"成功学"来看，林徽因无疑是一位成功的女性。虽然她出身名门，然而基本没占到出身的"便宜"。一方面，他父亲是一个不得志的政治家；另一方面，她大学毕业前父亲就已经身亡。所以，她日后的成功，主要靠自己不懈奋斗，也就是靠"学得好"和"干得好"。更不容忽视的时代背景，她绝大半辈子生存在半殖民地半封建的旧中国，那是军阀混战、战火纷飞、民不聊生的旧年代。正值青春年华，林微因染上了肺结核。那时中国医术落后治不好她的病，若听友人劝告移居美国，此病治愈不在话下。然而，为了抢救保护祖国的古建筑遗产，她不舍离开祖国。在那种恶劣条件下成长的"女神"，其对当代中国女性特别是青年女性的励志作用显而易见。在此，笔者结合教育学和女性学的思考，联系当前我国学校教育（尤其是女校）、家庭教育乃至社会文化建设现状，提几点粗浅的意见建议。

（一）要进一步厘定女生教育目标

女子是齐家之本，是清国之源。古人云：教子为治平之本，教女更为切要。盖以世少贤人，由于世少贤母。有贤女，则有贤妻贤母，而其夫与子之不为贤人，盖少鲜矣。可见，我们祖先对女子教育尤其是女德教育是非常重视的。我国当代学校致力培养德智体美全面发展的社会主义建设者和接班人，这显然是不错的。但是，由于男女身心发展特点及社会分工有别，女生教育该不该有所侧重？如果应该有所侧重，我们的学校和家长又该如何因材（性别）施教？

中华人民共和国成立以来，国家积极倡导妇女解放，不断推进男女平等进程。但是，由于西方个人主义和极端女权主义的影响，人们的认识出现了一定的偏差，"淑雅贤良"没人提了，"贤妻良母"被批判了，女德教育无人问津，家政教育被束之高阁，男女平等教育演变成女权主义启蒙教育。在这种背景下，类似林徽因这种接地气的"女神"，被选择性地忽略了。即便是带有"女子教育"学校，除个别学校凸显了办学优势之外，相当多的女子院校的"特色"尚停留在口头上和纸面上，实际上与传统男女混合学校无多大的区别。

国情不同，女子院校办学与教育理念也应该不同。以美国为代表的西方国家，秉持的是基于个人主义和女权主义的妇女观和性别观，我们应该结合我国国情和历史传统，坚持和发展中国特色社会主义的妇女观和性别观。因而，我们的女生教育目标应当既体现男女平等基本原则，坚持马克思主义妇女观，又要充分挖掘我国传统文化的精华，体现社会主义核心价值观和"四个自信"的要求，不能照搬西方国家个人主义和极端女权主义那一套。因此，我们要在全面贯彻党的教育方针的同时，面向女生未来的工作与生活，大力弘扬女子教育的优良传统，旗帜鲜明地加强包括"四自"精神在内的女德教育，涵养女生的淑雅贤良气质，培养热爱家庭、积极建设家庭、家庭与事业平衡发展的新女性。比如，女子高校就应该以林徽因为标杆，培养大批知性高雅的女性专门人才。

（二）要改进性别意识教育内容

课程与教学内容体系是人才培养的根本。女生教育尤其是女子院校教育，应该基于对女性身心发展规律的系统把握，在与男生共

同的教育之外，为女生量身定做一种专门的"准女人教育"或者说
"母性教育"。这种针对女生的专门教育首先要通过课程设置和校园
文化建设来体现。我这里所说的"准女人教育"或"母性教育"，绝
不只是现行女子院校或某些传统学校所开展的"性别意识教育"，
而应该是"of the females（源于女性）""on the females（关于女
性）""for the females（为了女性）"的女生教育体系，包括女孩青
春期教育、恋爱与婚姻教育、生殖与保育教育、女德与家庭伦理教
育、性别意识教育，等等。

性别意识教育是帮助女生增强主体意识、形成男女平等意识的
重要途径。正确的性别教育应当包括男女平等意识教育、性别角色
教育和男女平等实践教育。然而，我们女子院校的性别教育存在着
把女性意识教育、男女平等教育与性别角色教育对立起来的现象，
尤其是把女性意识教育与传统性别角色教育对立起来，忽视甚至否
定性别角色教育。应当注意汲取传统性别角色教育的精华，把男女
平等教育与性别角色教育有机结合起来。

特别要弘扬中国传统家庭美德和优秀传统女性文化价值观。我
国传统文化中男尊女卑、歧视女性的观念必须根除。但是，传统文
化教育和女子教育中，被实践反复证明是合理的行之有效的精华，
则应该去伪存真地继承和发扬。比如，我国女子国学中"慈、顺、
融、善、义"等与社会主义核心价值观相通的东西，就必须坚持与
时俱进，古为今用，大张旗鼓地宣传与弘扬，使之成为新时代女性
进步与发展的精神力量，帮助当代女性掌握为姑娘之道、为妻子之
道、为儿媳之道、为母亲之道、为奶姥之道等。

　　我认为，当前我国中小学的思想品德和社会教育还不够接地气，学生的家庭生活教育相当薄弱，应该把提高学生基本生活技能摆上重要日程。女子院校尤其要把家政课、家庭课、女红课等纳入课程体系，使学生毕业成家立业之后，既能从容面对职场和社会生活领域的种种问题，又能在夫妻和谐、婆媳相处、子女养育、睦邻友好等私人问题上做到游刃有余。

（三）要加强女性教育课程建设

　　当前我国各级教育阶段出现了某种程度的"阴盛阳衰"现象，特别是基础教育学校，相对于男生群体，女生在学业成就等方面优势越来越明显。但这不意味"准女人教育"目标在中小学得到了较好的实现。我认为，中学教育要通过专题或渗透性教学等途径，对女生开展相应的定制教育；同时，要创建一个有利于青春期女孩发展的校园文化环境，从而为中学后的专业教育和母性教育打下良好基础。

　　我一直认为，女子院校是特殊的文化环境——这种环境应该比传统男女混合学校更能唤醒女生的自觉，张扬女生的个性；女子院校是优秀女性成长的试验田——这里应根据女性身心发展特点，通过实施有针对性的教育，促进女生更好地成才；女子院校是可选择的教育资源——这里应该为女生进行职业和人生的双重准备，从这里出去的毕业生更应该具有"贤妻良母"的潜质。因此，建立一种优于传统学校的、使女生自由全面发展的亚文化环境，这是女子院校建设的重中之重。

　　各级各类学校应当通过各种教育教学途径，把"准女人教育"

融入德育课、文化课及有关专业课教学之中，与思想政治教育、与专业教育有机结合起来。要充分开发优质女性教育课程，加强"女子书院"式的实践基地建设，建立弹性学习与管理制度，为学生自由全面发展提供资源与制度保障。

校园文化是一种隐性课程，对于学生价值观念的形成有重要促进作用。这就要求女子院校秉持"文化育人"的理念，从精神、制度、行为、环境等多方面入手，切实加强校园文化建设，凸显校园文化特色，释放校园文化的"正能量"，让德育和国学走进女生校园生活，让主旋律和社会主义核心价值观生根落地，促进课内教育与课外教育、专业教育与做人教育协同一致，促进女生健康、快乐地成长和成才。

（四）要转变家庭教育方式方法

学校教育不是万能的，不能取代家庭教育和社会教育。好的家庭和好的家长是造就贤女贤媳的源头。为妻、为母、为媳等"准女人"教育，也许在家庭生活环境下，更容易起到好的教育效果。父母始终是孩子的第一任老师，长辈们言传身教的作用非常大。成熟的母亲，既爱惜自己，又能够自律，往往通过言传身教来感染孩子。林徽因就是这样一位母亲。她以自己的言行教导孩子坚守做人的信念，不能做违背信仰和道德的事，她的家庭教育经验值得今人学习借鉴。

中国流传一种"穷养儿子富养女"的说法。它道出了家庭教育中要因性别施教的道理。前不久，我读到一篇很好的公众号文章，它将林徽因与陆小曼的成长进行了对比，分析二人的差别，总结了"富养女儿"的经验，我认为对女生的家庭教育很有帮助。

真正的"富养"不是附庸风雅，而是帮助孩子树立志趣。志趣是一个人的精气神，是一种人生梦想，非一份工作或经济来源可以比拟。家长们要为孩子创造"读万卷书、行万里路"的机会，也在此过程中发现孩子真正的志趣所在。

真正的"富养"不是时尚奢华，而是帮助孩子涵养气质。女人天生爱美、爱打扮，这无可厚非。但是，仅满足于外表的装扮，反倒可能"招蜂引蝶"。更重要的是，家长要培养孩子的审美情趣，有欣赏美的眼睛和感受美的心性，多培养些兴趣爱好，多读些文学名著，多欣赏些高雅艺术，从而涵养女孩的高雅气质。

真正的"富养"，不是随心所欲，而是帮助孩子学会自尊。富养女儿，不能忽略对孩子格局和高度的培养，对自尊自爱的教导与引导。富养女儿，应该是培养孩子高贵的品格，拥有心灵上的自尊和肉体上的自爱。

真正的"富养"，不是达官显贵，而是帮助孩子深入圈子。女孩子的交往圈子很重要，它决定今后是成为风雅高贵的"精英"，还是声色犬马的"土豪"。当前，有些家长拼命择名校、择小区，希冀挤进富贵圈子，这也许是误区。富养女儿，应该让女孩更多接触有思想、有涵养、有文化水准的人。

（五）要营造有利于女孩成长的文化环境

近些年来，随着我国改革开放的深入，以及全球化、信息化

（特别是互联网）的深度发展，一些不利于青少年健康成长的错误思潮乘隙而入，我们的教育受到拜金主义、享乐主义、个人主义、极端女权主义等多重挑战，学校教育的正向作用常常被消解。农村女孩成长的环境更是糟糕。有的女孩家庭经济条件不好，但又爱慕虚荣，为了追求时尚，容易误入歧途。有的因为是留守女童，缺少关爱或管教，更容易出现成长中的问题。离异家庭子女就更不用说了。

由于西方文化的影响，西方第二次工业革命后出现的不婚、试婚、未婚同居甚至同性恋等婚恋和家庭生活方式，正在对我国当代青年产生越来越显著的影响。一方面，成长中的青少年常有追新求异的心理，容易盲目追捧时尚元素；另一方面，一些媒体为了吸引眼球，过度渲染"女汉子""中性化"、同性恋等，导致一些青少年性别观念混乱，出现了一定程度的"性取向"紊乱。在此背景下，出现了某种程度的"憎男厌女"情绪，以及男子不追、女子不婚不育等令人担忧的现象。

面对当前我国学校和家庭教育面临的诸多挑战，面对不利于女孩健康成长的社会文化环境，各级政府和社会需要未雨绸缪，制定相应的策略措施。例如，针对青年婚恋和家庭生活存在的问题和可能的趋势，要加紧构建青年恋爱婚姻和家庭生活的社会支持系统。要深入贯彻男女平等基本国策，开展"关爱女孩行动"，净化社会风气，去除文化糟粕，建立保护妇女儿童的长效机制，营造有利于女孩成长的社区和社会文化环境。

参考文献

一、论文类

[1] 睦依凡.关于大学文化建设的理性思考 [J].清华大学教育研究，2004（1）：11-17.

[2] 东南大学.大学校训的文化蕴涵及其社会功能 [EB/OL]（2011-12-15）[2023-12-16].
http://www.cunews.edu.cn/html/ qcxy/20050404/095944.html.

[3] 社会性别主流化的基本概念目标和特点 [DB/OL]. http://www.cqjgdj.gov.cn/n187c16.aspx.
2005-12-02.

[4] 周春燕.韩国梨花女子大学的女性教育及其对我国的启示 [J].文教资料，2006（4）.

[5] 时德生.国外女校办学理念对我国女子教育发展的启示 [J].职业技术教育（教学版），
2006（11）.

[6] 郭冬生.试论我国女子大学的办学特色及其建设 [J].中华女子学院学报，2010（4）.

[7] 郭冬生.中美韩三国女子高校校训比较及其启示 [J].中华女子学院学报，2012（2）.

[8] 郭冬生.论女子高校领导的文化自觉 [J].中华女子学院学报，2012（5）.

[9] 郭冬生.美国女子学院的女性教育课程设置及其启示 [J].中华女子学院学报，2014（4）.

[10] 李祖超，马陆亭.世界一流大学有何建设路径可循 [N].光明日报，2016-01-09（09）.

[11] 郭冬生.妇女教育领域法律政策及实践回顾分析 [A].谭琳.中国性别平等与妇女发展报
告（2013—2015）[R].北京：社会科学文献出版社，2016.

[12] 郭冬生.论基础教育阶段男生的个性培养 [A].曹义孙.中国政法大学教育文选（第19辑）
[C].北京：中国政法大学出版社，2016.

[13] 郭冬生."就业难"与女大学生的人生规划 [A].曹义孙.中国政法大学教育文选（第22
辑）[C].北京：中国政法大学出版社，2017.

[14] 国家统计局.《中国妇女发展纲要（2011—2020 年）》终期统计监测报告 [EB/OL].（2021-
12-21）[2020-02-18]. https://www.stats.gov.cn/sj/zxfb/202302/t20230203_1901316.html.

[15] 郭冬生.第四次世界妇女大会以来的我国妇女教育研究——以《中华女子学院学报》为
主要样本 [J].中华女子学院学报，2011（6）.

[16] 郭冬生 . 1995 年第四次世界妇女大会以来的我国妇女教育研究综述 [J]. 中华女子学院学报，2024（2）.

[17] 高惠蓉 . 美国女子高等教育史研究 [D]. 上海：华东师范大学，2007.

[18] 金香花 . 中韩女性教育比较研究 [D]. 大连：东北师范大学，2007.

[19] 陈建玲 . 我国女子中等职业学校女性教育课程设置研究 [D]. 北京：北京师范大学，2013.

[20] 杨阳 . 战后日本女子高等教育的变迁：性别平等的视角 [D]. 大连：东北师范大学，2020.

二、著作类

[1] 新华字典（1998 年修订版）[M]. 北京：商务印书馆，2001.

[2] 牛津高级英汉双解词典（第四版）[M]. 北京：商务印书馆，2002.

[3] 现代汉语词典（第 5 版）[M]. 北京：商务印书馆，2006.

[4] 陈学勇 . 林徽因寻真 [M]. 北京：中华书局，2004.

[5] 谭琳 . 1995—2005 年：中国性别平等与妇女发展报告 [M]. 北京：社会科学文献出版社，2006.

[6] 罗婷 . 女子高校发展战略研究 [M]. 北京：中国社会科学出版社，2007.

[7] 杜祥培 . 特色与创新——女子大学发展的探索 [M]. 长沙：湖南科学技术出版社，2008.

[8] 莫文秀 . 中国妇女教育发展报告 NO.1（改革开放 30 年）[M]. 北京：社会科学文献出版社，2008.

[9] 吴飞 . 当代女子大学女性特色课程设置研究——以 H 女子大学为例 [M]. 上海：华东师范大学，2008.

[10] 费宗惠，张荣华 . 费孝通论文化自觉 [M]. 呼和浩特：内蒙古人民出版社，2009.

[11] 张李玺 . 中国妇女教育发展报告 NO.2（女子院校发展）[M]. 北京：社会科学文献出版社，2012.

[12] 张李玺 . 中国妇女教育发展报告 NO.3（高等教育中的女性）[M]. 北京：社会科学文献出版社，2018.

[13] 陈新华 . 风雨琳琅：林徽因和她的时代 [M]. 北京：中信出版集团，2020.

[14] 梁再冰 . 梁思成与林徽因：我的父亲母亲 [M]. 北京：中国建筑工业出版社，2021.

[15] 梁从诫 . 林徽因集（诗歌、散文）[M]. 北京：人民文学出版社，2014.

[16] 梁从诫 . 林徽因集（小说、戏剧、翻译、书信）[M]. 北京：人民文学出版社，2014.

[17] 梁从诫 . 林徽因集（建筑、美术）[M]. 北京：人民文学出版社，2014.

[18] 林洙 . 梁思成、林徽因和我 [M]. 北京：中国青年出版社，2011.

后 记

　　二十年前，我带着几分希冀与好奇，依依不舍告别北京航空航天大学绿园，来到了育慧东路 1 号，成为中华女子学院的一员。我一来便投入本科教学水平迎评攻坚战，修改自评报告、提炼办学特色、更新规章制度等；评估过后继续投入整改，起草转制为普通本科学校后的第一个五年规划——《中华女子学院"十一五"事业发展规划》。那时忙碌夹杂开心，加班携带惬意，辛劳寄寓希望，似乎大家都如是。

　　时光如白驹过隙，倏忽二十年过去。不禁想起屈原在《楚辞·远游》的喟叹："视倏忽而无见兮，听惝恍而无闻。超无为以至清兮，与泰初而为邻。"不知不觉自己竟成了"老同志"，颇有"无为以至清""与泰初为邻"之感慨也。

　　回顾在女子学院的二十年，我先后在学校多个部门工作，担任过教务处副处长、规划办主任（校办副主任）、科研与规划管理处负责人、学校办公室副主任、儿童发展与教育学院副院长、政策研究室主任（党办/校办副主任），参与了学校多项顶层设计，见证了学校多个高光历史时刻，收获了亲历者、参与者的那份虚荣。这二十年间，我最重要的工作是码字，执笔起草的公文可以堆积如山，但能称为自己的成果寥寥无几。但本人执笔有几份重要文件是值得念及的：两版《中华女子学院章程》（2016年、2024年），三期学校"五年"事业发展规划，两期学校重点学科建设规划，非硕士授权单位"特需"专业硕士（社工）试点申报一揽子材料等。

其实，当初来女院指望做几年管理，然后能够转站三尺讲台，成为一名大学专任教师，过那种"上完课就回家、放了假能自主"的学者生活。不曾想临近退休，竟还是一名"老干部"。幸好 2007 年 4 月申请成立了中国女性教育研究中心（非实体研究机构），在时任校党委书记莫文秀（全国妇联副主席兼任）、校长张李玺（后党委书记兼校长）领导下，依托此中心研究出版两本蓝皮书——《中国妇女教育发展报告 NO.1（改革开放 30 年）》和《中国妇女教育发展报告 NO.2（女子院校发展研究）》，成为国内本学术领域蓝皮书的开山之作。这算是对自己十年教育学（含高等教育学）生涯的一个交代。此外，我有幸参加了《国家教育事业发展第十一个五年规划》《国家中长期教育改革和发展纲要（2010—2020 年）》，以及全国妇联几项重要文件的起草与调研工作。

在女子学院的二十年间，即党的十九大后的四年间，我巧遇了人生的"两大意外"。第一个"意外"：2018 年 4 月至 2021 年 3 月，我被全国妇联选派到甘肃省定西市漳县，当了三年挂职副县长（后来挂职县委常委兼副县长）。第二个"意外"：2021 年 2 月 25 日，我被党中央、国务院授予"全国脱贫攻坚先进个人"，到人民大会堂聆听习近平总书记庄严宣告"中国消除了绝对贫困"。同年 7 月 1 日，还受邀参加在天安门广场举行的中共建党百年盛大庆典等重要活动。值此之际，我当虔诚地感谢全国妇联党组、中央和国家机关工委等厚爱，感谢学校和甘肃各方面领导的关怀，感谢漳县干群和广大亲友的支持。

古人云："闺阃乃圣贤所出之地，母教为天下太平之源。"教育具有经济、政治和文化等多重社会功能，还具有促进个体社会化和个性化的功能。后者对男性和女性一视同仁。但是，在人类自身再生产（繁衍后代）上，妇女具有独特且男性无可替代的作用。从这种意义上讲，妇女素质对国民整体素质影响更大，妇女的教育水平决定子孙后代的素质。因此，开展"女性与教育"交叉学科研究，探究女性成长成才规律和女子学校发展规律，是一项意义非凡的学术实践。

《我国女子教育和女子学校发展研究》是二十年潜心研究的成果凝练和提升。本书重点探讨了六个环环相扣又相对独立的论题：一是审视改革开放以来我国教育领域男女两性公平；二是展示我国各类女子学校发展成就；三是研究特色取向下我国女子高校发展战略；四是探讨女大学生生涯教育与规划；五是比较研究美日韩等国外女子高校课程设置；六是评述第四次世妇会以来我国女子教育研究及未来趋势。希望拙作能对政府、妇联等决策者以及妇女、教育研究同行有所裨益。由于本人才薄智浅、管窥筐举，错讹之处、偏颇之论难免，敬请方家匡谬指教。

临近付梓面世之际，我想发表的感想太多，想感激的贵人太多。感谢科学出版社乔宇尚博士帮助联系和推荐权威出版社，感谢知识产权出版社总编辑助理陆彩云女士前前后后给予的鼎力支持，感谢本书责任编辑、知识产权出版社刘晓庆女士付出的心血和贡献的智慧。感谢中华女子学院校长刘利群教授百忙之中给本书题写序言。感谢中华女子学院科研处提供的出版资助。

总之，女子学院二十年是铭心而独特的生命旅程，值得回味的片段颇多，值得珍藏的记忆不少，值得总结的人事无数……我想，抄录刀郎《谢谢你》中的几段歌词，或许更能表达这份深沉、凝重、鲜活而丰盈的记忆！

假如人生能够留下可以延续的记忆

我一定选择感激

如果在我临终之前还能发出声音

我一定会说一句谢谢你

如果生命之重可以用我双手托起

你定是我生命的精灵

如果爱能让我们永远在一起

我一定对她说句谢谢你

谢谢你

你搂着我的伤痛抱着我受伤的心

在迷乱尘世中从来未曾说放弃

你牵着我的手走进明天的风雨

不管前路崎岖你从来坚定

谢谢你

让我可以在平凡世界发现我自己

不管是否有阳光照耀我依然美丽

你让我明白爱你就是爱我自己

你让我学会珍惜生活里的点点滴滴

　　谨以此书献给中华女子学院（全国妇联干部培训学院）建校
七十五周年！

郭冬生

2024 年 8 月 16 日

于北京朝阳区育慧东路 1 号